Le langage silencieux

Du même auteur

AUX ÉDITIONS DU SEUIL

La Dimension cachée
1971
coll. «Points Essais», 1978

Au-delà de la culture
1979
coll. «Points Essais», 1987

La Danse de la vie
Temps culturel, temps vécu
1984
coll. «Points Essais», 1992

avec Mildred Reed Hall
Guide du comportement
dans les affaires internationales
Allemagne, États-Unis, France
1990

Edward T. Hall

Le langage silencieux

**Traduit de l'américain par
Jean Mesrie et Barbara Niceall**

Éditions du Seuil

EN COUVERTURE : illustration José David.

L'édition originale de cet ouvrage a paru en langue anglaise sous le titre *The Silent Language* by Doubleday & Company, Inc., Garden City, New York.
© 1959, Edward T. Hall.

ISBN 2-250-553-2
© ÉDITIONS UNIVERSITAIRES BGSA,
pour la traduction française.

ISBN 2-02-006774-9.
© ÉDITIONS DU SEUIL, MARS 1984,
pour l'introduction à l'édition de poche.

« A mes amis et collègues de cultures étrangères qui m'ont tant appris à propos de la mienne. »

Remerciements

Mon ami et maître Ralph Linton m'a dit un jour qu'il « *laissait sa peau* » dans chaque ouvrage qu'il écrivait. Je reconnais volontiers la pertinence de cette remarque. J'ajouterai que la rédaction de ce livre a beaucoup empiété sur ma vie de famille, particulièrement celle de ma femme, qui a dû s'habituer à des horaires impossibles, à l'étouffement de notre vie sociale, à mon caractère irascible durant les périodes critiques de la rédaction, et à toutes les versions du manuscrit qu'elle a dû lire, critiquer et corriger. Beaucoup de livres sont dédiés à la femme de l'auteur car « sans sa patience et sa compréhension, cet ouvrage n'aurait jamais vu le jour ». Il est facile de deviner pourquoi cette dédicace est si fréquente, bien que ce fait même ait tendance à affaiblir la portée du message et contribue à rendre les efforts de la femme moins importants qu'ils n'ont été en réalité. Je ne sais comment exprimer de manière juste ce que je dois à ma femme pour la rédaction de cet ouvrage. J'aurais souvent abandonné ou différé mes travaux si elle n'avait été là pour m'encourager. Je dois donc tout d'abord remercier ma femme, Mildred Reed Hall.

En tant qu'anthropologue et spécialiste, je dois beaucoup à mes collègues et surtout à Ralph Linton, dont j'ai jadis suivi les cours à l'université de Colum-

bia. Nous avons passé de bons moments ensemble à avancer des hypothèses sur les sujets les plus variés. Lorsque j'étais étudiant, j'éprouvais des difficultés à communiquer avec mes professeurs, et je ressentais le fossé qui nous séparait, non pas tant à cause de la position sociale que de nos relations. Ceci ne s'est jamais produit avec Linton. Il semblait toujours capable de s'exprimer clairement et aimait beaucoup échanger des idées. Si le contenu de cet ouvrage n'a rien à voir avec ce qu'aurait écrit Linton, je suis cependant sûr qu'il aurait compris les idées qui s'y trouvent.

Trois autres collègues m'ont stimulé et encouragé durant des années. Ce sont Erich Fromm, David Riesman et John Useem. La plupart des données qui figurent dans cet ouvrage ont été analysées en collaboration avec mon collègue et ami Georges L. Trager, professeur d'anthropologie et de linguistique à l'université de Buffalo. Durant les phases préliminaires de nos travaux, Trager et moi avons été aidés et encouragés par Edward A. Kennard, Ralph Kepler Lewis, et Henry Lee Smith Junior. Toutefois, la forme et le contenu de cet ouvrage n'engagent que moi.

La plupart des commentaires ayant trait à des cultures étrangères résultent de l'observation directe et du travail effectué chez les Hispano-Américains du Nouveau-Mexique et d'Amérique latine, les Indiens Navajos et Hopis, les habitants de l'atoll de Truk, les Arabes de l'ouest de la Méditerranée et les Iraniens. Il est inutile de dire que l'anthropologue doit toujours beaucoup aux peuples qu'il étudie, car c'est ce qu'il apprend de leur culture qui rend la sienne plus significative.

C'est Clarkson N. Potter qui m'a poussé à écrire cet ouvrage, en me donnant les encouragements et la compréhension nécessaires pour le mener à bien. Je dois également remercier Richard K. Winslow et Kermit Lansner, qui m'ont aidé dans la rédaction de ce livre, ainsi que les éditeurs qui m'ont permis de relever des passages des ouvrages suivants :

« *A Case of Identity* », *in* The Complete Sherlock Holmes *par Sir Arthur Conan Doyle. Reproduit avec la permission des propriétaires de l'œuvre de Sir Arthur Conan Doyle et de John Murray, Ltd.*

Language, Thought and Reality, *œuvres choisies de Benjamin Lee Whorf. Reproduit avec la permission des éditeurs (Technology Press et John Wiley and Sons à New York).*

Introduction
à l'édition de poche

Plus de vingt ans nous séparent de la publication du *Langage silencieux*. Entre-temps, beaucoup de choses se sont passées qui confirment la thèse de ce livre. Au moment de sa parution, j'étais tellement absorbé par mon propre travail, que je n'avais pas réussi à mesurer le besoin qu'il y avait de comprendre pleinement ce qu'est la «Communication interculturelle».

En fait, *le langage silencieux* est une traduction : non pas celle d'une langue dans une autre, mais celle d'une série de communications contextuelles, complexes et tacites, en mots. Le titre résume non seulement le contenu de ce livre, mais aussi l'un des plus grands paradoxes de la culture. Il ne s'agit pas seulement du fait que les gens se parlent aussi sans employer des mots, mais encore de tout un univers de comportements qui n'a pas été exploré, étudié, et qui, de ce fait, se trouve ignoré. Cet univers fonctionne sans parvenir à la conscience, juxtaposé à celui des mots. Ceux qui parmi nous ont un héritage européen, vivent dans un «monde de mots» qui leur paraît le réel ; mais parler ne veut pas dire pour autant que ce que nous communiquons par le reste de notre comportement n'est pas aussi très important. S'il n'y a pas de doute que le langage façonne la pensée par des voies particulièrement subtiles, l'humanité doit à présent s'attaquer à la réalité des autres systèmes culturels, et aux effets pénétrants de ces autres systèmes sur la façon dont le monde est perçu, dont l'individualité est expérimentée et dont la vie elle-même est organisée. Nous devons aussi nous accoutumer au fait que parfois les messages au niveau du mot veulent dire une chose, alors que, à un autre niveau, quelque chose de tout à fait différent est communiqué. Vingt ans ne suffisent pas pour prouver la valeur de ces affirmations. Certainement plus de temps est nécessaire pour que de telles implications deviennent effectives.

Le lien est beaucoup plus étroit entre le langage et les gestes qu'entre le langage et les autres systèmes culturels — temps et espace, par exemple — tels qu'ils sont décrits ici. L'espace, qui fut l'objet d'un livre ultérieur, *la Dimension cachée,* ne fait pas seulement communiquer, dans le sens élémentaire du terme, mais *organise* presque tout dans la vie. Il est même plus facile de voir comment l'espace peut organiser les activités et les institutions, que de reconnaître la façon subtile dont le langage organise la pensée. Le plus difficile est d'accepter que nos propres modèles sont particuliers et donc qu'ils ne sont *pas* universels. C'est cette difficulté des hommes à sortir de leur peau culturelle qui m'a poussé à faire part de mes observations et de leur traduction théorique par le truchement de l'écriture.

Un des avantages qu'il y a à avoir écrit un livre — qui survit aux fantaisies de la mode — c'est que l'on reçoit un écho de la part de ses lecteurs : non seulement par des mots d'encouragement, mais aussi par la confirmation qu'apportent les exemples qu'ils invoquent. J'aimerais remercier tous ceux qui m'ont écrit des quatre coins du monde : le livre a été traduit en chinois, hollandais, polonais, français, italien et serbo-croate.

Je m'intéresse depuis longtemps à la sélection et à

la formation d'Américains travaillant à l'étranger, pour le gouvernement ou pour leur propre compte. Je crois que nos rapports avec les pays étrangers butent sur l'ignorance où nous sommes de la communication interculturelle. Cela fait que nous gaspillons à l'étranger les efforts ou la bonne volonté de notre nation. Lorsque des Américains sont appelés à travailler avec des pays étrangers, le critère de sélection devrait être leur aptitude à se mouvoir dans une culture différente de la leur. Ils devraient également savoir parler et écrire la langue en usage et connaître parfaitement la culture du pays. Tout ceci est long est coûteux. Mais, à défaut de cette sélection et de cette formation, nous limitons nos possibilités à l'étranger.

Encore, dans un programme d'ensemble, cette formation théorique à la langue, à l'histoire, à la politique et aux mœurs des pays étrangers n'est-elle qu'une première étape. Il est également primordial de connaître le langage non verbal qui existe dans chaque pays, à l'échelon national et local. Beaucoup d'Américains ne sont que vaguement conscients de ce langage sans paroles, qu'ils expérimentent pourtant chaque jour. Ils ne perçoivent pas les schémas de comportement qui dictent notre conception du temps, notre perception de l'espace, nos attitudes envers le travail, le jeu, la connaissance. En sus de ce que nous exprimons verbalement, nos sensations réelles s'extériorisent constamment par un langage sans paroles, le langage du comportement. Quelquefois, ce langage est correctement interprété par des sujets de culture différente. Mais le plus souvent, ce n'est pas le cas.

Il est rare que l'on considère objectivement ces différences relatives à la communication interculturelle. Lorsqu'il devient évident que deux personnes de pays différents ne se comprennent pas, chacun s'en prend à « ces étrangers », à leur stupidité, leur malhonnêteté, leur débilité. On trouvera dans les exemples qui suivent une illustration de ces réactions interculturelles — réciproques.

Malgré des apparences favorables, une délégation américaine en Grèce eut le plus grand mal à arriver à un accord avec les autorités grecques. Tous les efforts en vue d'une négociation se heurtaient à la réticence et à la méfiance des Grecs. Les Américains étaient incapables de conclure un accord qui permettrait d'envisager de nouveaux projets. Après avoir étudié de près cette situation exaspérante, on trouva à l'échec des négociations deux raisons inattendues : 1. Les Américains sont directs et combatifs, et fiers de l'être. Chez les Grecs, ces qualités sont considérées comme des défauts. Elles traduisent un manque de tact que les Grecs déplorent. La franchise des Américains choqua immédiatement les Grecs. 2. Lors des réunions, les Américains essayaient de limiter la durée des discussions et d'obtenir d'abord un accord sur un plan général, laissant les questions de détail à des sous-comités. Les Grecs virent dans cette habitude une tentative pour leur jouer quelque mauvais tour ; car, en Grèce, la coutume est d'analyser les détails en présence des intéressés, et de se réunir aussi longtemps que nécessaire. Le résultat de cette incompréhension fut une série de réunions infructueuses, au cours desquelles chacun déplorait le comportement de l'autre. Devant le comportement des Américains, les Grecs se disaient : «Non seulement ces gens se conduisent comme des paysans dénués de finesse, mais en plus, à coup de trucs et par un usage tortueux du temps, ils essaient de nous berner.» Il est essentiel que nous comprenions comment les autres peuples lisent notre comportement (non pas nos paroles, mais bien notre comportement).

Si ce livre ne sert qu'à faire germer cette idée, il aura atteint son but. Pourtant, en écrivant ces pages, j'ai poursuivi un but plus ambitieux. J'ai écrit pour l'homme de la rue, qui se trouve parfois perplexe devant son existence, qui se sent mené de droite et de gauche par des forces qu'il ne comprend pas, qui se trouve déconcerté par les actes d'autrui, que ce soit en Amérique ou bien placé, à l'étranger, au cœur d'une culture différente. J'espère convaincre le lecteur que derrière le mystère apparent, la confusion, le désordre de la vie, l'ordre est présent ; et que lorsqu'il en aura pris conscience, il pourra se pencher de nouveau sur l'univers humain qui l'entoure. J'espère également intéresser le lecteur à la notion de culture, en l'amenant à suivre ses propres intérêts et à faire ses propres observations.

J'ai été aidé dans mes recherches sur la culture par mon collègue George L. Trager. Trager est un linguiste rompu à l'anthropologie ; ses contributions à l'étude du langage sont nombreuses et importantes. J'ai développé avec Trager une théorie de la culture basée sur une conception de la communication qui donne à cet ouvrage ses bases théoriques.

Les chapitres se suivent de manière à mener graduellement le lecteur du connu à l'inconnu. On peut d'ailleurs comparer la culture à la musique. On ne peut décrire la musique à quelqu'un qui n'en a jamais entendu. Avant l'apparition des partitions, la musique se transmettait de manière informelle, par imitation. L'homme ne put exploiter toutes les puissances de la musique que lorsqu'il commença à la traduire en signes. Il faut faire la même chose en ce qui concerne la culture. Ce livre est à la culture ce que la méthode Rose est à la musique.

Ce livre a été écrit à l'origine pour les Américains. C'est un message pour qu'ils fassent un effort de compréhension de leur propre culture inconsciente. Dans la mesure où les étrangers sont de piètres interprètes et où il est rare qu'ils maîtrisent réellement une autre culture, on pourrait espérer que des livres analogues soient écrits par des hispanophones, des Indiens, ou des Noirs. J'espère que l'étude de la culture inconsciente (microculture) sera poursuivie et encouragée ailleurs dans le monde, parce que l'avenir de l'espèce humaine réside dans le maintien de sa diversité et dans l'effort pour la faire tourner, cette diversité, à son avantage.

1

Les voix du temps

Le temps parle. Il parle plus simplement que les mots. Le message qu'il porte se transmet à haute voix et clairement. Parce qu'il est utilisé moins consciemment, il ne risque pas d'être dénaturé comme l'est le langage parlé. Il peut clamer la vérité quand les mots mentent.

J'ai travaillé pendant un certain temps, pour une municipalité, dans un groupe d'étude des relations humaines, dans une grande ville. Je devais évaluer les chances de voir adapter par les districts une politique non discriminatoire. Il fallait d'abord interroger les chefs de district ; deux d'entre eux faisaient partie d'une minorité. A les en croire, il semblait que tous soient prêts à adopter une politique non discriminatoire. J'eus pourtant l'impression que, malgré leurs paroles, un changement était improbable. Pourquoi ? La réponse était dans la manière d'utiliser le langage sans paroles du temps et de l'espace.

J'avais accordé une attention particulière à la préparation de chaque entretien. On avait demandé aux chefs de district d'être prêts à échanger des idées avec moi durant une heure ou plus. Malgré tout, certains rendez-vous furent oubliés ; il m'arrivait souvent d'attendre longtemps (de quinze à quarante-cinq minutes) dans des services adjoints ; souvent, l'entretien s'arrêta au bout de dix à quinze minutes. Je devais rester, pendant tout ce temps, à une distance impersonnelle de mon interlocuteur. Une fois seulement, un chef de district vint vers moi de derrière son bureau. Ces hommes avaient une position ; ils s'y accrochaient, au propre comme au figuré !

Les implications de cette expérience (qui pourrait bien intéresser les sondages d'opinion) sont évidentes. Très souvent, ce que font les gens est beaucoup plus important que ce qu'ils disent. En ce cas précis, la manière dont les autorités municipales utilisaient le temps témoigne clairement de leurs convictions personnelles ; car il est facile d'identifier la structure et la signification des systèmes-temps, ainsi d'ailleurs que celles des intervalles de temps. Par exemple, pour le « retard », on peut distinguer différentes périodes : celle des « excuses vagues », celle des excuses, celle où le retard exige des excuses complètes, puis la période impolie et enfin, carrément insultante. Depuis longtemps, les psychanalystes sont conscients du sens de la communication à ce niveau. On peut traduire en termes de « refoulement » et de « transfert » la conception du temps propre au patient.

Les différentes périodes de la journée, par exemple, sont très significatives dans certains contextes. Elles peuvent exprimer la gravité des circonstances aussi bien que le niveau où est censée se placer l'interaction entre deux êtres. Aux États-Unis, si vous téléphonez à quelqu'un très tôt le matin pendant qu'il se rase ou prend son petit déjeuner, l'heure de l'appel suppose une situation très importante et extrêmement urgente. De même pour les appels après 11 heures du soir. Un coup de téléphone en pleine nuit est associé à une affaire de vie ou de mort, mis à part la valeur de plaisanterie grossière qu'y attribuent les jeunes. L'impression que le temps parle est telle que « l'horloge parlante » est devenue plus qu'un simple service téléphonique.

John Useem, anthropologue américain, nous donne
un exemple des habitudes ancrées en nous en ce qui
concerne le temps. Certains autochtones des îles du
Pacifique Sud avaient du mal à trouver, auprès des
dirigeants blancs, un travail en accord avec leur
système de hiérarchie sociale traditionnelle. Par ignorance, les autorités avaient embauché trop d'individus
d'un même groupe, détruisant ainsi l'équilibre du
pouvoir entre les autochtones. Toute la population de
l'île s'agitait à cause de cette erreur. Comme les Américains s'entêtaient dans leur ignorance et refusaient
d'embaucher conformément aux coutumes locales, les
chefs des deux factions se rencontrèrent une nuit
pour s'accorder sur une redistribution acceptable des
emplois ; lorsqu'ils se furent mis d'accord, ils se
dirigèrent en masse chez le Blanc qui s'occupait de la
plantation et le réveillèrent pour lui faire part de leurs
décisions. Malheureusement, il était entre deux ou
trois heures du matin. Ils ignoraient qu'on ne réveille
les Américains à cette heure qu'en cas d'extrême
urgence. Comme on pouvait s'y attendre, l'Américain,
qui ne comprenait ni la langue ni la culture locales, ni
ce que signifiait ce tintamarre, crut avoir affaire à une
émeute et fit venir des Marines. Il ne lui était jamais
venu à l'idée que pour les indigènes, les périodes de
la journée pouvaient signifier autre chose que pour lui.

D'autre part, les planteurs américains savent
souvent ce que signifie une communication faite dans
la matinée ou dans l'après-midi : elle éloigne chacun de
son travail. Lorsqu'ils veulent annoncer aux ouvriers
quelque chose d'important, ils se demandent : « Quand
allons-nous le leur dire ? » En société, une jeune fille
se sent outragée si un homme qu'elle connaît peu lui
demande un rendez-vous à la dernière minute ; et celui
qui ne prévient que trois ou quatre jours à l'avance
que le dîner est reporté doit s'excuser. On mesure ici
tout ce qui nous sépare des peuples du Moyen-Orient

chez qui il est inutile de fixer les rendez-vous trop longtemps à l'avance ; en effet, dans la structure informelle de leur système-temps, tout ce qui dépasse le délai d'une semaine se place dans la catégorie du « futur » ; dans ce « futur », les projets ont tendance à leur « sortir de la tête ».

En Amérique, on parle souvent du délai ou du préavis en tant que « temps-conducteur ». Cette expression est significative, dans une culture où les horaires sont importants. Nous savons tous comment ce « temps-conducteur » s'insère dans notre culture, bien que nous en ayons une notion très informelle et dépourvue de règles techniques. Mais on a rarement analysé les règles du « temps-conducteur » dans les autres cultures. Seuls ceux qui ont séjourné à l'étranger en font l'expérience. Et pourtant, il est extrêmement important de savoir dans combien de temps les gens se prépareront, ou seront préparés, aux événements à venir. Dans certaines cultures, ce « temps-étalon » est d'une durée assez conséquente. Dans d'autres, comme au Moyen-Orient, toute période dépassant une semaine peut être trop longue.

Ces diverses conceptions du temps sont souvent déroutantes ; c'est ce que prouve l'exemple de cet agronome américain, attaché d'ambassade dans un pays latin. Ayant attendu quelque temps, il fit savoir qu'il aimerait rencontrer le ministre dont la fonction correspondait à la sienne. Pour diverses raisons, le jour fixé ne convint pas ; on avait vaguement l'impression que le temps n'était pas encore venu de rencontrer le ministre. Toutefois, notre ami insista et on lui accorda, à contrecœur, un rendez-vous. Le jour dit, étant légèrement en avance (les Américains respectent les règles), il attendit. L'heure vint et passa ; cinq minutes, dix minutes, quinze minutes. Alors il suggéra au secrétaire que, peut-être, le ministre ne savait pas qu'il l'attendait dans un service adjoint. Notre ami eut ainsi l'impression d'avoir agi concrètement sur le temps, et put surmonter l'anxiété qui l'envahissait. Vingt minutes, vingt-cinq minutes, trente minutes, quarante-cinq minutes (la période insultante).

Alors il se leva d'un bond et dit au secrétaire que, depuis trois quarts d'heure, il «faisait le pied de grue» dans ce service adjoint et qu'il «en avait sacrément marre» d'être traité ainsi. Ceci arriva aux oreilles du ministre qui, en fait, répondit : «Eh bien, qu'il fasse le pied de grue.» L'attaché ne fit pas dans cette contrée un heureux séjour.

La cause principale de ce quiproquo était que dans ce pays, un retard de cinq minutes ne signifiait rien. En outre, une attente de trois quarts d'heure, loin d'être un délai conséquent, n'était qu'une période insignifiante. Attendre soixante secondes puis suggérer à un secrétaire que, peut-être, son patron vous a oublié, est une réaction stupide en Amérique ; c'est comme si l'on se mettait en colère pour avoir «fait le pied de grue» pendant cinq minutes. Mais c'est précisément ainsi que le ministre en question interpréta la réaction de l'Américain qui l'attendait dans un service adjoint. Il pensa, comme à l'accoutumée, que les Américains étaient excessifs en tout.

Tout au long de cette épreuve, l'attaché avait agi conformément à ses réflexes acquis. Aux USA, sa réaction aurait été tout à fait normale et son comportement on ne peut plus justifié. Et même s'il avait su, avant de quitter les USA, que ce genre de choses devait lui arriver, il aurait eu du mal à ne pas *se sentir* insulté après trois quarts d'heure d'attente. En revanche, si on lui avait donné des détails sur le système-temps du pays en question, en même temps qu'il apprenait la langue, il aurait pu modifier son comportement en conséquence.

L'ennuyeux, dans des situations de cette sorte, c'est que les gens ne réalisent pas qu'ils sont soumis à une forme de communication différente qui s'établit parfois dans le langage et parfois hors de lui. Les malentendus s'aggravent lorsque le message transmis ne s'exprime pas dans un vocabulaire formel : aucun des deux interlocuteurs ne peut savoir exactement où en sont les rapports. L'un comme l'autre peuvent sembler donner leurs impressions et leurs réactions vis-à-vis de l'événement en cours. Quant à connaître le contenu du message... c'est là que commencent les quiproquos.

Le temps aux États-Unis

Les Occidentaux, et les Américains en particulier, tendent à concevoir le temps comme une entité existant de façon permanente dans la nature, qui participe de l'environnement de la même manière que l'air que nous respirons. Il nous semble antinaturel qu'on puisse faire l'expérience d'un système-temps différent ; et cette impression se modifie rarement, même si nous nous apercevons que d'autres peuples conçoivent différemment le temps. Si le temps a pour nous une importance primordiale, il n'en va pas de même pour toutes les cultures, même en Occident. En Amérique latine, où l'on traite le temps de manière plutôt cavalière, on entend souvent demander : « Notre heure ou la vôtre ? » — « *Hora americana, hora mejicana ?* »

En règle générale, les Américains conçoivent le temps comme une route ou un ruban qui se déroule dans le futur à mesure qu'on avance. La route est divisée en segments ou en compartiments bien rangés (« chaque chose en son temps »). Ceux qui ne peuvent « tronçonner » le temps sont classés par nous comme irrationnels. Dans certaines régions d'Amérique latine, l'Américain du Nord est terriblement contrarié, lorsqu'il se rend à un rendez-vous, qu'il se passe tant de choses dans un même instant. Un de mes amis, de descendance espagnole, traitait constamment ses affaires selon le système «latin». Cela veut dire qu'on trouvait couramment quinze personnes dans son bureau. Une affaire qui aurait pu être conclue en un quart d'heure s'étalait souvent sur une journée entière. Bien sûr, il se rendait compte que ses habitudes déroutaient les Anglo-Américains ; il leur accordait souvent une faveur, une dispense, qui consistait à ne les retenir qu'une heure dans son bureau lorsqu'ils avaient prévu un entretien de cinq minutes. Pour l'Américain, le temps doit se prêter à toutes les fragmentations. On comprend qu'il soit dérouté par cet aimable système latin, apparemment confus. Pourtant, si mon ami s'était accordé sur les normes américaines, il aurait perdu un élément vital de sa prospérité. Ceux qui avaient affaire avec lui venaient aussi, souvent, pour résoudre un problème ou lui rendre visite. Parmi tous ces visiteurs, les Hispano-Américains et les Indiens (environ 10 sur 15) qui envahissaient son bureau jouaient un rôle précis dans ce système de communication particulier.

Non seulement nous fragmentons et planifions le temps, mais nous sommes presque toujours tournés vers le futur ; nous allons de l'avant. Nous aimons la nouveauté, et le changement nous préoccupe. Nous voulons arriver à vaincre la peur du changement. En fait, nous sommes très intéressés par les théories scientifiques (ou même pseudo-scientifiques) qui mettent en jeu une nouvelle théorie du changement.

Nous nous servons du temps comme d'un matériau ; nous le gagnons, le perdons, l'économisons, le gaspillons. Il nous semble choquant de faire deux choses à la fois. En Amérique latine, il n'est pas rare qu'un homme exerce plusieurs métiers à la fois, soit dans un

seul bureau, soit en vaquant de l'un de l'autre plusieurs fois dans la journée.

Si nous sommes tournés vers le futur, nous n'avons
qu'une faible idée de ce qu'il est. Chez nous, le futur
c'est le futur proche et non celui des hindous qui
enveloppe plusieurs générations. Évidemment, la perspective que nous en avons permet d'éviter la mise en
œuvre de bon nombre de projets, du genre «programme de restauration, s'étendant sur un siècle et
demi et nécessitant l'aide et les fonds publics». Tous
ceux qui ont travaillé pour l'industrie ou le gouvernement américains ont entendu dire : «Messieurs, ceci
est un programme à long terme ! Dix ou quinze ans. »

Pour nous, «longtemps», c'est tout et rien — dix
ans ou vingt ans, deux ou trois mois, quelques
semaines ou même quelques jours. Par contre, l'Asia-
tique considère que des milliers d'années, ou même
une période illimitée, définissent parfaitement bien le
concept «longtemps». Un de mes collègues décrit en
ces termes cette conception du temps : «Le temps est
un musée pourvu de niches et de corridors sans fin.
Vous, le visiteur, déambulez dans le musée obscur,
éclairant les scènes une par une à mesure que vous
avancez. Dieu est le conservateur du musée, et Il est
seul à en connaître le contenu. Une vie représente
l'une des niches du musée. »

Notre conception du futur est liée à notre conception du passé : la tradition joue un rôle également
limité dans la culture américaine et, en tant qu'entité,
nous la mettons de côté, ou bien l'abandonnons à
quelques êtres qui, pour des raisons très précises,
s'intéressent au passé. On trouve, bien sûr, quelques
régions où la tradition joue un grand rôle : ainsi la
Nouvelle-Angleterre et le Sud des États-Unis. Mais au
royaume des affaires (modèle dominant de la vie
américaine) la tradition se place sur le même plan que
l'*expérience*; et l'expérience est considérée comme

très proche, sinon synonyme, du savoir-faire. Le savoir-faire est l'un des éléments de notre richesse et lorsque nous nous tournons vers le passé, c'est rarement pour le passé en soi, mais plutôt pour estimer notre savoir-faire et renforcer nos pronostics vis-à-vis de succès futurs.

Une autre valeur très prisée en Amérique est la rapidité. Un homme lent est souvent accusé d'impolitesse ou d'irresponsabilité. Certains, portés sur la psychologie, diront que nous sommes obsédés par le temps. Ils trouveront, dans la société américaine, des individus qui sont littéralement aliénés par le temps. D'ailleurs, l'Américain moyen lui-même attache beaucoup d'importance au temps, parce qu'on lui a appris que c'était une affaire sérieuse. Nous sommes le seul pays (excepté peut-être la Suisse et le Sud de l'Allemagne) à avoir développé et accentué à ce point cet aspect de notre culture. Partout, on critique nos réactions obsessionnelles vis-à-vis du temps. On attribue les ulcères d'estomac et l'hypertension à la contrainte exercée par ce système. Ce n'est peut-être pas faux.

D'autres conceptions du temps

Même dans les strictes limites géographiques des États-Unis, il existe des cultures où les conceptions du temps sont totalement incompréhensibles à ceux qui ne les connaissent que de loin. Celle des Indiens Pueblos, par exemple (Sud-Ouest des USA), ne s'accorde en rien avec les habitudes d'horloge pointeuse de l'Américain moyen. Pour ces Indiens, l'événement se produit quand le temps en est venu, et pas avant.

Je me rappelle encore cette danse de Noël à laquelle

j'ai assisté, il y a vingt-cinq ans, chez un Indien Pueblo. J'avais dû parcourir plus de 70 kilomètres sur de mauvaises routes pour arriver là-bas. A 2 000 mètres d'altitude et à une heure du matin, le vent d'hiver est presque insupportable. Tremblant de froid dans la tranquille obscurité du pueblo, je cherchais un Indien qui pourrait me dire à quelle heure commencerait la danse.

Dehors, tout était parfaitement calme. De temps à autre, on entendait le rythme assourdi des percussions indiennes ; une porte s'ouvrait, un rai de lumière perçait l'obscurité. Dans l'église, où la danse devait avoir lieu, un groupe de citadins se pressait à une balustrade, cherchant sans trop y croire combien de temps il leur faudrait encore attendre. « L'année dernière, on m'a dit qu'ils commençaient à dix heures. » « On ne peut pas commencer avant l'arrivée du prêtre. » « Personne ne peut dire quand ça va commencer. » Toutes ces réflexions s'accompagnant de claquements de dents et de sautillements pour se réchauffer.

Soudain, un Indien ouvrit la porte, entra et s'affaira autour du feu. Chacun poussait du coude son voisin : « Peut-être qu'ils vont commencer maintenant. » Une autre heure passa. Un autre individu entra, remonta la nef et disparut par une autre porte. « Ça va sûrement commencer bientôt. » « Après tout, il est presque deux heures du matin. » Quelqu'un suggéra que les Indiens prolongeaient l'attente dans l'espoir que les Blancs s'en iraient. L'un des assistants, ayant un ami dans le pueblo, alla lui demander quand commencerait la danse. Personne ne savait. Soudain, alors que les Blancs commençaient à se lasser, le rythme lancinant des percussions s'éleva dans la nuit, accompagné d'un chant grave. Sans prévenir, la danse avait commencé.

Aucun Blanc ayant vécu cette expérience ne se hasardera à conjecturer sur l'heure du début des cérémonies. Ceux d'entre nous qui y ont assisté savent que l'heure de la danse n'est jamais fixée à l'avance, car les horaires n'existent pas. La danse commence quand «les choses sont prêtes».

Je l'ai déjà dit, l'Occidental civilisé a une vue du futur très superficielle comparativement à celle de l'Oriental. Mais par rapport aux Navajos de l'Arizona, il semble un modèle de patience. Depuis plusieurs siècles, les Navajos et les Américains civilisés tentent d'accorder leurs conceptions du temps. Jusqu'ici, le résultat n'a pas été très concluant. Le temps des Navajos est semblable à l'espace — la vérité, c'est «ici et maintenant». Le futur est sans consistance.

Un de mes amis, qui connaît bien, les Navajos, s'exprime en ces termes : «Vous savez combien ce peuple aime miser et parier sur les chevaux. Eh bien, si vous dites à un Navajo : "Connaissez-vous mon cheval, celui qui a remporté tous les prix à Flagstaff, le 4 juillet dernier?", il vous répondra, impatient : "Oui, oui, je le connais." Si vous lui dites alors : "Eh bien, j'ai décidé de vous en faire cadeau", l'Indien dépité, tournera les talons. Mais vous pouvez aussi lui dire : "Vous voyez ce vieux sac d'os que je viens de monter? Cette panse à foin, avec ses genoux qui s'entrechoquent et ses pieds en étoile, la bride qui ne tient plus et la selle hors d'état? Prenez ce cheval, il est à vous. Prenez-le, je vous le donne"; alors l'Indien, satisfait et heureux, vous serrera la main, montera sur le cheval et s'en ira. Des deux, seul le présent immédiat est réel. On ne pense même pas aux futurs bénéfices possibles.»

Au début du programme de contrôle et de remembrement des terres, il était presque impossible de convaincre les Navajos qu'ils avaient tout à gagner à abandonner leurs chères brebis pour pouvoir réaliser, dix ou vingt ans plus tard, d'importants bénéfices. Lorsque je dirigeais les travaux de construction d'une des digues, je n'arrivais pas à les convaincre que plus ils travailleraient vite, plus ils auraient d'eau pour leurs moutons. Le fait qu'ils puissent posséder une digue ou dix, selon leur rapidité à la tâche, n'évoquait rien pour eux. Ils ne se mirent à travailler à plein rendement que lorsque j'eus appris à traduire notre comportement en termes compréhensibles pour eux.

Les choses s'arrangèrent ainsi : j'avais parlé du problème à un ami, Lorenzo Hubbell, qui avait toujours vécu dans la réserve. Lorsque les difficultés m'assaillaient, j'aimais m'en ouvrir à lui. Je trouvais toujours, dans ses réflexions, la clé du comportement des Navajos. Au cours d'une de ces discussions, j'appris que les Navajos comprenaient et respectaient les marchés et les affaires. J'en eus quelque idée lorsque je m'aperçus de leur trouble quand on leur permettait d'abandonner un travail qu'ils avaient entrepris de leur plein gré. Ils semblaient surtout s'effrayer d'avoir à rembourser, plus tard, le prix d'un travail non terminé. Je décidai d'aller m'asseoir avec l'équipe pour lui parler du travail. Il était vain d'évoquer les avantages futurs qu'ils pourraient retirer d'un travail bien fait ; être logique, tenir des raisonnements linéaires, ne servait à rien. Ils réagirent néanmoins lorsque je leur dis que le gouvernement leur donnait de l'argent pour améliorer leurs conditions de vie, fournissant du travail à leur famille et de l'eau à leurs moutons. J'insistai sur le fait qu'en échange de ces avantages, ils devaient travailler huit heures par jour. Je leur présentai la chose comme un marché. A la suite de cet entretien, les travaux progressèrent à un rythme satisfaisant.

L'un de mes ouvriers fut, involontairement, un bon exemple de ce conflit culturel centré sur la conception du temps. Il s'appelait « Petit Dimanche ». Il était petit, nerveux et volontaire. Comme il aurait été impoli de lui parler de son nom, ou même de lui demander comment il s'appelait, je dus demander aux autres pourquoi on l'appelait « Petit Dimanche ». La réponse fut révélatrice.

Lorsqu'apparurent les premiers commerçants blancs, les Indiens eurent du mal à s'habituer à la division du temps en périodes artificielles ; pour les Navajos, les jours se succédaient « naturellement », les périodes commençant avec la nouvelle lune et finissant à son déclin. La notion de semaine en particulier, introduite par les marchands et les missionnaires, les laissait perplexes. Imaginez un Navajo habitant à 50 ou 60 kilomètres du magasin qui se trouve à 150 kilomètres au nord de la ligne de chemin de fer, et décidant qu'il a besoin de farine et d'un peu de saindoux pour faire son pain. Il pense à la farine et au saindoux, il pense à ses amis et au plaisir que constitue pour lui le commerce ; ou peut-être, il se demande si on va lui faire crédit, ou combien il retirera de la vente du cuir qu'il possède. Ayant passé un jour et demi ou deux à cheval, il arrive, tout impatient, devant le magasin. Le magasin est fermé, bien fermé. Il y a là deux autres Indiens Navajos qui campent dans la remise construite par l'épicier. Ils disent qu'il est là, mais qu'il ne veut rien vendre parce que c'est dimanche. Ils frappent à la porte et le commerçant répond : « Partez d'ici, c'est dimanche ! » Et les Indiens répliquent : « Mais je viens de Black Mesa, et j'ai faim. Je veux acheter à manger. » Que fait l'épicier ? Il ouvre la boutique et tous les Indiens se précipitent. L'un des visiteurs les plus fréquents et entêtés s'était vu surnommer « Gros Dimanche ». Pas très loin derrière pour ce qui était de l'entêtement, venait... « Petit Dimanche ».

Les Sioux sont également un bon exemple de ces différences de conception par rapport au temps. Il n'y a pas si longtemps, un homme se présenta à mon bureau en tant que superintendant des Sioux. J'appris qu'il était né dans la réserve ; il illustrait bien le résultat du croisement de deux cultures, l'indienne et l'occidentale.

Au cours d'un long et passionnant exposé, il me parla des nombreux problèmes que rencontraient les Indiens lorsqu'ils voulaient s'adapter à notre style de vie. Il me fit remarquer : «Que penseriez-vous d'un peuple qui ne possède pas de mots pour désigner le temps? Mon peuple n'a pas de mots pour *retard* ou *attendre*. Ils ignorent l'attente et le retard. Je pensais que les Indiens ne pourraient pas s'adapter à la culture blanche tant qu'ils ne sauraient pas définir l'heure et le temps. Alors je me suis mis au travail. Dans toutes les salles de classe de la réserve, il n'y avait pas une seule pendule en état de marche. Je m'empressai donc d'en acheter de convenables. Puis je m'arrangeai pour que les autobus de l'école partent à l'heure. Deux minutes de retard, c'était trop ; le bus partait à 8 h 42, ils devaient donc être à l'heure.»

Bien sûr, cet homme avait raison. Les Sioux ne pourraient s'habituer aux habitudes européennes tant qu'ils ignoreraient la signification du temps. La méthode du superintendant peut sembler excessive, c'est pourtant l'une des seules efficaces. L'idée de faire partir les autobus à l'heure et d'imposer à leurs conducteurs un horaire strict était un trait de génie. Et c'était beaucoup mieux pour les Indiens, qui pouvaient se permettre de rater un bus au départ de la réserve, mais non de perdre leur métier en ville parce que l'autobus était en retard.

En fait, c'est le seul moyen d'introduire la notion du temps chez les Sioux, qui le conçoivent de manière si différente des Européens. Le moyen le plus rapide consiste à insister sur le côté technique et à faire en sorte que le temps signifie quelque chose pour eux. Plus tard, ces peuples se familiariseront avec les variations informelles du temps ; mais ils ne s'adapteront jamais à notre culture s'ils n'arrivent pas à expérimenter, puis à maîtriser, notre système-temps.

A des milliers de kilomètres des Navajos, nous découvrons une autre conception du temps propre à dérouter pour longtemps le visiteur non informé. Les habitants de l'atoll de Truk (Sud-Ouest du Pacifique) conçoivent le temps de telle manière que cela complique non seulement leur vie mais celle des autres ; en effet, cette conception pose des problèmes très particuliers aussi bien à leurs propres chefs qu'aux gouverneurs civils et militaires et aux anthropologues qui s'intéressent à eux.

A Truk, le temps ne se repose jamais ! Les faits passés s'amoncellent, pèsent de plus en plus lourd sur les habitants et alourdissent le présent. En fait, les événements sont interprétés comme s'ils venaient juste d'avoir lieu. Une anecdote, qui se situe après l'occupation de l'atoll de Truk par les Américains à la fin de la Seconde Guerre mondiale, éclairera cette idée.

Un jour, un villageois arriva tout essoufflé au quartier général du gouverneur. Il expliqua qu'un meurtre avait été commis et que le coupable se promenait dans le village. Naturellement, l'officier militaire s'alarma. Il était sur le point d'envoyer un détachement pour arrêter le meurtrier lorsqu'il se rappela le conseil d'un ami : ne jamais agir précipitamment avec les indigènes. Une petite enquête révéla que la victime s'était « montrée » avec la femme de l'assassin. Une seconde enquête de routine, devant mettre au jour le lieu et la date du crime, révéla que celui-ci n'avait pas été commis quelques heures ou quelques jours auparavant, comme on aurait pu s'y attendre, mais dix-sept ans plus tôt. Le meurtrier se promenait depuis dix-sept ans.

Autre exemple, relatif à l'atoll de Truk et au concept de temps : un litige survenu pendant l'occupation allemande vers 1890, continué sous l'occupation japonaise et toujours vivace à l'arrivée des Américains en 1946.

Avant l'arrivée des «Missionnaires de Moïse» à Uman en 1867, la vie de l'atoll de Truk se caractérisait par des conflits violents et sanglants. Au lieu de construire leurs villages sur la côte, où la vie était un peu plus facile, les habitants s'étaient établis sur le versant des montagnes d'où ils pouvaient mieux se protéger. Les attaques survenaient sans avertissement et souvent sans raison apparente. Ou bien, les rixes avaient pour origine le vol d'une noix de coco sur l'arbre voisin ou le rapt de la femme d'un autre. Des années plus tard, un homme pouvait se rappeler les torts de l'adversaire et juger qu'ils n'étaient pas encore réparés. On attaquait de nouveau le village ennemi, au beau milieu de la nuit.

Quand un chef était accusé d'avoir maltraité son peuple, le manque d'égards le plus insignifiant, la plus infime impolitesse étaient notés ; rien n'était oublié. On réclamait des dommages pour n'importe quoi. Nous autres Américains trouvions tout ceci absurde, surtout lorsque nous regardions la liste des chefs d'accusation. «Comment un chef pouvait-il être aussi corrompu ? Comment faisaient les gens pour se rappeler tout cela ?»

Si les habitants de Truk portent le fardeau toujours plus lourd du temps passé, ils semblent absolument incapables de concevoir la simultanéité de deux événements dans deux endroits différents. Quand les Japonais occupèrent l'atoll à la fin de la Première Guerre mondiale, ils s'emparèrent d'Artie Moses, chef de l'île d'Uman et l'emmenèrent à Tokyo. Artie envoya, de là-bas, un radiotélégramme à son peuple, pour lui donner un exemple de la technologie japonaise dans toute sa bizarrerie. Sa famille refusa de croire que c'était vraiment lui qui avait parlé, bien qu'elle sût qu'il était à Tokyo. Ils concevaient qu'un lieu puisse

être éloigné d'un autre, mais ceux qui sont loin sont
vraiment très loin et toute communication avec eux est
impensable.

Paul Bohannan, anthropologue, nous rapporte du
Nigeria une conception totalement différente du
temps : celle de la tribu primitive des Tiv. Comme les
Navajos ils se repèrent sur la position du soleil pour
connaître l'heure approximative ; ils observent également les différentes phases de la lune. C'est leur
manière d'utiliser et d'expérimenter le temps qui
diffère. Pour la tribu des Tiv, le temps est une capsule.
Il y a un temps pour les visites, un temps pour la
cuisine, un temps pour le travail ; quand on est dans
l'un, on ne peut pas être dans l'autre.

L'équivalent de la semaine dans la tribu des Tiv
dure de cinq à sept jours, mais ne se rattache pas aux
variations cosmiques périodiques telles que les phases
de la lune. Le jour de la semaine est désigné d'après
des objets vendus au «marché» le plus proche. Chez
nous, lundi s'appellerait «automobiles» à Washington,
«ameublement» à Baltimore et «pelotes de laine» à
New York. Les jours suivants seraient cuisinières,
liqueurs ou diamants dans les villes respectives. Ce qui
signifie qu'en voyageant on verrait changer le nom du
jour selon l'endroit où l'on se trouve.

Une des conditions requises de notre système-temps
est que ses unités puissent s'additionner : 60 secondes
égalent 1 minute, 60 minutes égalent une heure. Les
Américains sont déroutés par ceux qui n'opèrent pas
ces divisions unitaires. Henri-Alexandre Junod, spécialiste de l'Afrique, rapporte que chez les Thonga, un
guérisseur avait en mémoire une chronique s'étendant
sur soixante-dix ans et pouvait donner tous les détails
des événements passés, année par année. Le même
homme définissait comme une «ère» la période qu'il
avait en mémoire et en évaluait la durée à «quatre
mois et huit cents ans». La réaction habituelle à cette

anecdote consiste à dire que l'homme est un primitif, de caractère puéril et ne sait pas ce qu'il dit ; en effet, comment soixante-dix ans peuvent-ils être égaux à huit cents ans ? Lorsque nous nous penchons sur une culture, nous ne pouvons plus ignorer ces conceptualisations de la réalité si différentes des nôtres en disant que tout ceci est puéril. Nous devons aller beaucoup plus loin. Dans le cas des Thonga, il semble qu'«ère» et «chronologie» soient deux choses totalement différentes et qu'en termes d'action, il n'y ait aucun lien entre les deux.

Si ces distinctions entre plusieurs systèmes-temps différents semblent provenir d'un grand nombre de civilisations primaires, qu'on me permette de mentionner ici des peuples aussi civilisés, sinon industrialisés, que le nôtre. Si l'on compare les USA avec l'Iran et l'Afghanistan, on remarque de grandes différences dans la manière de concevoir le temps. L'attitude des Américains au sujet des rendez-vous en est une. J'eus un jour, à Téhéran, l'occasion d'observer de jeunes Iraniens préparant une petite fête. Lorsqu'on eut pris des rendez-vous pour venir chercher les invités, tout tomba soudain à l'eau. Chacun laissait des messages disant qu'il ne pouvait pas venir chercher Untel, ou bien s'en allait, tout en sachant fort bien que la personne à qui il avait confié le message ne pourrait pas le faire parvenir. Une jeune fille se retrouva seule au coin d'une rue, personne ne semblant concerné par son cas. Un de mes informateurs me dit qu'il avait vécu lui-même une foule d'expériences semblables. Une fois, il donna onze rendez-vous à un ami sans parvenir à le rencontrer. La douzième fois, ils promirent tous deux qu'ils seraient à l'heure et que rien ne les en empêcherait. L'ami ne vint pas. Après trois quarts d'heure d'attente, l'homme téléphona chez son ami : il était toujours chez lui. Ils se dirent à peu près ceci : «C'est toi, Abdoul ?» «Oui.» «Pourquoi n'es-tu pas venu? Je croyais que cette fois nous serions tous deux à l'heure.» «Oh, mais il pleuvait», répondit Abdoul avec cette intonation plaintive si fréquente dans la langue persane.

Si les rendez-vous présents n'enlèvent rien aux Persans de leur insouciance, il n'en est pas de même pour le passé. Les gens se retournent sur ce qu'ils considèrent comme les merveilles du passé et les grands moments de la culture persane. En regard du passé, le futur n'a que peu de réalité. On sait que des hommes d'affaires ont investi des centaines de millions de dollars dans des usines de toutes sortes sans établir le moindre plan quant à la manière de les faire fonctionner. Une entreprise de tissage fut achetée à Téhéran avant même que l'acheteur eût assez d'argent pour l'organiser, fournir le matériel nécessaire ou même former des ouvriers. Quand des équipes de techniciens viennent aider l'Iran à relancer son économie, elles doivent sans cesse lutter contre ce qui leur semble un manque total d'organisation.

Plus on se rapproche de l'Afghanistan, plus on s'éloigne du système-temps américain. Il y a quelques années, un homme vint à Kaboul, disant qu'il cherchait son frère. Il demandait à tous les commerçants du marché s'ils n'avaient pas vu son frère et leur donnait son adresse au cas ou le frère en question arriverait et voudrait le voir. L'année suivante, il revint et répéta la même chose. Un des membres de l'ambassade, ayant eu vent de ses recherches, lui demanda s'il avait trouvé son frère. L'homme répondit qu'ils étaient convenus de se trouver à Kaboul, mais aucun n'avait dit quelle année.

Aussi étranges que paraissent ces anecdotes, on les comprendra facilement en les analysant correctement. Cette analyse requiert une théorie de la culture appropriée. Avant de revenir, dans un des derniers chapitres, sur le sujet qui nous intéresse — le temps —

j'espère avoir développé suffisamment cette théorie. Éclairant l'interaction du temps et des autres aspects de la société, elle nous dévoilera le secret de ce langage culturel si éloquent dans toutes ses formes, si variées soient-elles.

2

Qu'est-ce que la culture ?

Le mot culture recouvre déjà des sens si nombreux que l'on peut sans crainte lui en attribuer un nouveau. Je le définirai encore une fois au cours de cet ouvrage, afin d'éclairer ce qui est devenu un concept très confus. Depuis longtemps, les anthropologues voient, dans la culture d'un peuple, sa manière de voir, l'ensemble de ses comportements types et de ses attitudes et les choses matérielles qu'elle possède. Si beaucoup d'anthropologues acceptent cette définition, ils ne se sont jamais mis d'accord sur la nature profonde de la culture. En pratique, ils se passionnent souvent au cours de leurs travaux pour un type particulier d'événements, parmi tous ceux qui composent la vie d'un homme ; ils en arrivent à considérer ce type d'événements comme l'essence même de la culture. D'autres, qui cherchent un point d'appui dans l'évolution de la société, voudraient découvrir une unité ou un élément communs à tous les aspects de la culture. En somme, si le concept de culture a été défini pour la première fois par écrit par E. B. Tylor, en 1871, il lui manque encore la rigueur propre aux idées utiles et révolutionnaires.

Il faut également déplorer le peu de résonance, dans la conscience des gens, du concept de culture ; comparée à des notions relevant de la psychologie, telles que l'inconscient ou le refoulement, l'idée de culture semble tout à fait étrangère même au citoyen le mieux informé. Il est important d'en analyser les raisons, car elles illustrent bien les difficultés inhérentes au concept même de culture.

La culture a toujours été le domaine réservé des anthropologues ; c'est durant leur stage pratique de fin d'études qu'ils acquéraient l'expérience directe de son emprise. A mesure que le jeune anthropologue, frais émoulu de l'Université, pénétrait plus profondément dans la vie de la population qu'il étudiait, il se persuadait nécessairement que la culture était une réalité, et pas seulement le produit de l'imagination des théoriciens. De plus, à mesure qu'il maîtrisait la complexité d'une culture donnée, il se rendait compte que seule l'expérience prolongée permettait de la comprendre, et qu'il était pratiquement impossible de transmettre cette compréhension à quiconque n'en avait pas vraiment fait l'expérience.

Cette tournure d'esprit aurait suffi à isoler de la société de tous les jours l'anthropologue de plus en plus compétent et disposant de connaissances, d'intuitions particulières. Mais ce n'était pas la seule raison. La formation technique des anthropologues était longue et minutieuse et se rapportait à des domaines apparemment sans liens avec les problèmes de l'Américain moyen dans sa microsociété. Et, jusqu'à la dernière guerre, peu d'Américains connaissaient les sujets et les lieux d'études des anthropologues — généralement, des populations isolées, d'importance restreinte et jouant un rôle insignifiant dans la politique mondiale moderne. Apparemment, on n'attribuait aucune valeur « pratique » aux travaux de l'anthropologue et à ce qu'il faisait de ses découvertes. Mise à part la satisfaction d'une certaine curiosité ou nostalgie, quel intérêt y avait-il à étudier le comportement des Indiens d'Amérique, ces « hommes rouges » romantiques, symbole d'une époque révolue, ces témoins gênants de l'époque où les Américains abattaient sans pitié tout ce qui barrait la route du progrès ? Malgré un intérêt épisodique pour l'anthropologie (et le concept de culture qui est au cœur de l'anthropologie), on l'associa longtemps à des questions subjectives et individuelles sans rapport avec les réalités quotidiennes des affaires et de la politique. Ce point de vue était très répandu vers 1930, après quoi on l'abandonna, sauf dans quelques noyaux isolés où il est encore en vogue.

La crise de 1929-1930 changea beaucoup de choses. Des idées que l'on avait considérées comme révolutionnaires furent acceptées sans heurts, comme par exemple l'application de théories et techniques sociologiques aux problèmes posés par l'économie intérieure. Les anthropologues durent sortir de leur refuge académique pour tenter de résoudre le grave problème des minorités nationales.

Parmi ces minorités se trouvaient les Indiens qui vivaient tristement dans des réserves contrôlées par le gouvernement. La plupart d'entre eux ne pouvait se raccrocher ni à leur dignité perdue ni aux avantages de la société qui les dominait à présent. La politique du gouvernement consistait à traiter toutes les tribus de la même manière — comme des enfants ignorants et un peu entêtés. Cette erreur n'a pas encore été tout à fait effacée. On avait constitué, au sein de l'administration qui s'occupait des Indiens, un office chargé de découvrir comment on devait « traiter » les Indiens et leurs problèmes. A l'image du ministère des Affaires extérieures, le ministère des Affaires indiennes mutait ses employés si souvent qu'ils auraient pu passer toute une vie dans cet office sans rien apprendre de leurs administrés. La bureaucratie qui se constitua se préoccupait plus des problèmes de ses employés que de ceux des Indiens. Dans ces conditions, il était impossible de faire intervenir l'idée révolutionnaire que les Indiens étaient, profondément et de manière significative, différents des Européens américains. Cela aurait bouleversé les projets bureaucratiques. Si la politique du gouvernement par rapport aux Indiens laisse encore à désirer, elle s'est beaucoup améliorée lorsque des anthropologues sont venus travailler dans les réserves.

Durant la Seconde Guerre mondiale, je dus, comme beaucoup d'autres anthropologues, travailler sur des projets concernant non seulement les habitants du Sud du Pacifique, mais aussi les Japonais. Comme on était en guerre, on prêta quelque attention à nos remarques — mais comme la plupart des découvertes avaient été faites en temps de guerre, leur résultat fut noyé dans la paix qui survint.

Cependant, le travail sur le terrain (travail de pure recherche) et les projets (application) qu'entreprirent les anthropologues ne furent pas inutiles. Si cette expérience nous a appris quelque chose, c'est que l'on ne peut réduire la culture à de simples coutumes dont on changerait comme de garde-robe. Ceux que nous aidions étaient sans cesse arrêtés par une barrière invisible dont ils ignoraient la nature. Ce qui les déroutait, et nous le savions, c'était une organisation sociale, une pensée, une conception de l'homme totalement différentes. Nous ne savions pas comment expliquer ce fait brut. Lorsque nous essayâmes de le faire, notre explication parut insensée. La plupart de nos tentatives relevaient de l'anecdote et très peu étaient spécifiques.

Mis à part les problèmes posés par l'homme de la rue, qui s'interrogeait rarement sur la nature de la culture, nous rencontrions sur le terrain certaines difficultés d'ordre méthodologique. L'une des choses les plus pressantes était la constitution d'un dossier de base. Ceux qui travaillaient sur le terrain notaient leur propre interprétation de ce que leur apportait l'informateur. Mais si quelqu'un d'autre allait voir le même groupe et interrogeait soit les mêmes informateurs, soit d'autres (pratique désavouée par les anthropologues), on recueillait à la fin un ensemble d'informations différentes des premières. Il n'y avait aucun moyen de recueillir des données officiellement acceptables, ni de reproduire les faits observés sur le terrain, ni de comparer un événement de la culture A avec un événement de la culture B ; on ne pouvait que les décrire l'un après l'autre et dire qu'ils étaient différents. Il s'avérait presque impossible de dire, en termes précis, ce qui faisait la différence entre deux cultures, excepté le fait que certains élevaient des moutons et que d'autres procuraient des vivres ; que l'un chassait tandis que l'autre pratiquait l'agriculture ; que chacun honorait des dieux différents et organisait différemment sa société. L'anthropologue savait que les différences se situaient à un niveau plus profond encore, mais ceux qui lisaient ses rapports, et même les autorités, préféraient ne pas en tenir compte. Sans en être tout à fait conscients, ces messieurs bien intentionnés affectaient d'adopter un point de vue naïvement évolutif selon lequel la plupart des étrangers étaient des « Américains sous-développés ».

Même à présent, lorsque les populations de ces réserves « sous-développées » refusent l'introduction de la médecine et de l'agriculture modernes, on les considère comme des civilisations rétrogrades et entêtées, ou l'on se persuade qu'elles sont menées par des chefs qui se désintéressent de la prospérité de leur peuple.

On reprochait souvent aux chefs — ou même on les accusait — de faire pression sur leur peuple pour qu'il refuse le progrès, afin de préserver leur mainmise sur l'économie.

Malheureusement, c'est quelquefois vrai, et cela constitue une excuse facile aux erreurs du gouvernement vis-à-vis de l'aide technique et militaire et de la diplomatie. La plupart de nos difficultés viennent de notre manque de connaissances. Dans les réserves, des hommes honnêtes et sincères passent chaque jour à côté de cette vérité significative : la culture agit directement, profondément et de manière durable sur le comportement ; et les mécanismes qui relient l'une aux autres sont souvent inconscients, se situant donc au-delà du contrôle volontaire de l'individu. Lorsque l'anthropologue insiste sur ce point, on n'en tient généralement pas compte, car, ce faisant, il remet en cause les convictions des Américains vis-à-vis d'eux-mêmes et des étrangers. Il pousse les gens à voir ce qu'ils voudraient peut-être continuer à ignorer.

De plus, s'il est souhaitable que l'homme de la rue utilise le don d'observation de l'anthropologue, les explications imposantes de ce dernier manquent de précision. On ne peut pas *enseigner* la culture comme on enseigne le langage. Jusqu'à ces tout derniers temps, on n'avait défini aucune des unités de base de la culture. Personne n'était d'accord quant à la théorie qui sous-tend la culture. On n'avait aucun moyen d'action spécifique — aucun moyen pour B de vérifier sur le terrain les résultats relatifs à A. Même de nos jours, un ouvrage traitant des concepts et théories de la culture, et écrit par des anthropologues américains célèbres, A. L. Krœber et Clyde Kluchkhohn, recommande au chercheur de faire preuve d'«empathie». Les auteurs affirment également qu'on n'a jamais établi de manière satisfaisante quelles sont les unités de base de la culture.

Cet état de choses quelque peu irritant, qui dure depuis des années, m'a conduit à élaborer une théorie d'ensemble de la culture propre à dépasser les erreurs que je viens de relever. En 1951, lorsque je me rendis à Washington pour former des techniciens de Point Quatre, j'avais une raison pratique pour pousser ce travail jusqu'à une conclusion tangible. Avant cette époque, j'avais enseigné dans une université et dans

de petits collèges. Les étudiants des collèges sont tout
disposés à aborder des sujets d'intérêt général. Par
contre, les techniciens de Point Quatre et les employés
du ministère des Affaires étrangères sont censés
travailler à l'étranger et obtenir des résultats tangibles ;
leur formation doit donc être complète. Je me suis
aperçu qu'en général, la « nature de la culture », qui
préoccupe l'anthropologue, ne les intéresse pas ; ils
sont impatients d'aller d'abord à l'étranger pour faire
des expériences pratiques. Les fonctionnaires du ministère des Affaires étrangères, en particulier, aimaient à
dire que les conseils des anthropologues concernant
les Navajos ne leur servaient à rien, puisque nous
n'avions pas d'ambassade dans les réserves navajos.
Malheureusement, les théories que nous commencions
à élaborer quand je me mis à travailler à Washington
ne pouvaient en rien profiter au fonctionnaire en
mission outre-mer. Ses défenses s'ancraient trop profondément en lui et nous ne trouvions aucune raison
décisive pour le faire changer d'attitude. C'était déjà
beaucoup ; il s'y ajouta le fait que les administrateurs
du gouvernement ne virent jamais la différence réelle
qu'il y avait entre une opération nationale et une
mission à l'étranger. Il fallait trouver quelque chose
de nouveau et d'audacieux pour sortir de l'histoire, de
l'économie, de la politique cent fois rabâchées.

Les fonctionnaires et les élèves qui prenaient nos
paroles au sérieux et voulaient les mettre en pratique,
se heurtaient à un autre problème. Ils disaient : « Oui,
je vois qu'il y a quelque chose qui ne va pas. Je m'en
vais à Damas. Quel livre puis-je lire pour m'aider dans
mon comportement avec les Arabes ? » Nous étions
« collés » ! S'ils allaient au Japon, nous pouvions leur
conseiller l'excellent ouvrage de Ruth Benedict, *The
Chrysanthemum and The Sword*, en précisant toutefois que les indications qu'ils y trouveraient n'étaient
que générales et qu'ils ne devaient pas s'attendre à

retrouver sur place les mêmes conditions. Bien sûr, la qualité primordiale du livre de Benedict était que, tout en ayant travaillé avec des Japonais aux USA seulement (le livre a été écrit pendant la guerre), l'auteur se montre très perspicace vis-à-vis des schémas psychologiques japonais. Il est évident que la contribution de l'anthropologue qui agit avec méthode peut être utile et importante.

A cette époque, je commençai à développer, en collaboration avec George L. Trager, une méthode d'analyse de la culture. Nos objectifs comprenaient cinq étapes :

1. Identifier les unités de base de la culture — ce que plus tard nous devions appeler les *notes* de la culture, par analogie avec les partitions musicales.

2. Rattacher ces notes à une base biologique, de manière à pouvoir les comparer avec différentes cultures. Nous précisions que la comparaison devait être faite de manière à ce que les conditions en soient reproductibles à volonté, faute de quoi l'anthropologie ne deviendrait jamais une science.

3. Rassembler des données et élaborer une méthodologie qui nous permettent d'effectuer des recherches et d'enseigner chaque culture en situation, comme on enseigne le langage et sans devoir dépendre de facultés telles que «l'empathie».

4. Élaborer une théorie d'ensemble de la culture qui nous permettrait de mener d'autres recherches.

5. Enfin, trouver le moyen de rendre l'anthropologie accessible aux non-spécialistes.

Trager et moi étions convaincus que l'utilisation des statistiques n'avait en rien servi notre discipline, et qu'on avait mal utilisé les méthodologies et les théories empruntées à la sociologie, à la psychologie et autres sciences physiques et biologiques. Il est souvent arrivé que des sociologues, influencés par des physiciens, aient été rebutés par l'utilisation prématurée des mathé-

matiques formelles et de la «méthode scientifique».
Nous pensions qu'il était nécessaire de développer une
méthodologie propre à l'anthropologie et adaptée à son
sujet.

Cet ouvrage définit à la fois une théorie de la culture
et une théorie de la naissance de la culture. Il envisage
la culture dans son ensemble, en tant que forme de
communication.

Il révèle les racines biologiques de beaucoup de
cultures, sinon de la totalité, et définit les dix centres
d'activité fondamentaux dont la combinaison engendre
la culture. Dans les chapitres 3 et 4, je montrerai que
l'expérience humaine se place à trois niveaux, je dirai
comment l'homme, en éduquant ses enfants, communi-
que avec eux sur trois plans différents, comment
s'équilibrent ces trois types de conscience, et quels
sont les trois types d'expérience émotionnelle dont
l'homme colore son vécu. J'ai appelé cette triade
fondamentale, *le formel, l'informel* et *le technique.* Il
faut arriver à comprendre ces trois termes si l'on
veut saisir le sens de l'ensemble de cet ouvrage. Puisque l'homme progresse du principe formel à l'adaptation informelle et finalement à l'analyse technique,
cette division tripartite, qui est au cœur de ma
théorie, implique également une théorie du changement.

Les chapitres 5 à 8 sont une analyse spécifique de
l'éventail des formes de communication. Je parlerai
peu des mass media (presse, radio, télévision) qui sont
une extension des cinq sens. Ces chapitres sont, au
contraire, centrés sur un aspect important de la
communication : comment l'homme interprète les
actes de ses semblables. Le langage est, de tous les
systèmes de communication, le plus technique. On
l'utilise comme modèle pour l'analyse des autres systèmes. En plus du langage, il existe d'autres moyens
de communication qui confirment ou infirment ce que

l'homme exprime par le langage. Il apprend à lire les différents « segments » du ruban de la communication. Les autres chapitres décriront le contenu de la communication interpersonnelle, ainsi que la manière dont les interlocuteurs interfèrent.

Les derniers chapitres sont une analyse détaillée du temps et de l'espace. Le temps, ce langage sans paroles dont nous avons longuement parlé au premier chapitre, fera l'objet d'une analyse détaillée, en tant qu'exemple type d'un système de message primaire. Le chapitre 11 traitera de l'espace (territorialité) en tant que communication.

Le message de ce livre est que nous devons parvenir à comprendre les aspects « hors conscience » de la communication. Il est faux de croire que nous sommes pleinement conscients de ce que nous transmettons à autrui. Le message d'un individu à un autre est facilement altéré dans le monde où nous vivons. Chercher à comprendre vraiment et à pénétrer les cheminements de la pensée d'autrui est une tâche beaucoup plus difficile et une situation beaucoup plus sérieuse que la plupart d'entre nous ne sont disposés à l'admettre.

J'ai surtout parlé, jusqu'ici, des problèmes que rencontre l'anthropologue qui tente de familiariser les autres avec les relations qu'ils auront chez des étrangers. J'ai également insisté sur le fait que les Américains employés à l'étranger doivent systématiquement apprendre à connaître les cultures locales. Le lecteur moyen, celui qui n'a jamais vécu à l'étranger et s'intéresse très vaguement au travail des diplomates et des techniciens de Point Quatre, peut se demander : « Qu'ai-je à voir là-dedans ? » Cette question touche au but principal de cet ouvrage, qui est de prouver à quel point la culture conditionne le comportement. La culture n'est pas une idée exotique pour laquelle se passionne une petite chapelle de spécialistes au fin fond des mers du Sud. C'est un moule qui nous modèle tous ; la culture conditionne notre vie quotidienne, de manière parfois inattendue. Dans cet essai sur la culture, j'analyserai cette partie du comportement demeurée inconsciente, puisque l'homme la considère comme innée, universelle ou relevant de l'idiosyncrasie.

La culture cache plus de choses qu'elle n'en révèle ; et il est étonnant de voir que ses secrets sont le plus mystérieux pour ceux qu'elle conditionne. Après des années d'études, je suis convaincu que le but à atteindre est la compréhension, non pas des cultures étrangères, mais bien de la nôtre. Je crois également que la connaissance qui suit l'analyse d'une culture différente n'est guère plus qu'un témoignage. La raison fondamentale qui pousse un homme à se pencher sur une culture étrangère, c'est d'acquérir une meilleure connaissance de sa propre culture. La meilleure raison de se soumettre à des coutumes étrangères, c'est qu'elles engendrent un sens aigu de la vitalité et de l'attention consciente — un attachement à la vie qui ne peut se manifester qu'au contact de la différence et du contraste.

S'attacher à sa propre culture est une tâche de proportions gigantesques. Vers vingt-cinq ou trente ans, la plupart d'entre nous ont fini leurs études, se sont mariés, ont appris à vivre avec un autre être humain, ont vu le miracle de la naissance et voient se dessiner en eux un homme nouveau qui se développe vite. Soudain, c'en est fini de ce que nous avons appris. C'est la vie qui s'installe.

Pourtant, notre cerveau nous a dotés d'une soif d'apprendre qui semble aussi forte que l'instinct sexuel ou de survie. Cela signifie qu'un homme d'âge moyen, ayant cessé d'apprendre, se retrouve avec des capacités très développées et, toujours, cette soif d'apprendre. Ce processus se remet en marche lorsque l'homme expérimente une culture différente. Mais ceci est impossible pour la plupart des Américains, qui sont ancrés dans leurs habitues. Pour prévenir l'atrophie de ses facultés intellectuelles, l'homme peut entreprendre d'analyser sa propre culture dans ses aspects inconscients. Il peut explorer ce domaine nouveau.

Un problème se pose lorsque l'on parle de la culture américaine sans rapport à d'autres : le public tend à prendre pour lui les remarques faites par les spécialistes. Je me rappelle cet entretien avec un groupe de directeurs d'école, ayant pour thème la culture. Nous parlions du besoin, pour les Américains, de progresser dans leur métier, d'aller de l'avant en suscitant un intérêt qui leur prouverait qu'ils progressaient réellement. Quelqu'un me dit alors : «Ce que vous dites maintenant est très intéressant ; vous parlez de moi.» Il y avait confusion entre ce que cet homme apprenait à propos de soi et l'étude de la culture. Il ne semblait pas réaliser que ce qui le concernait personnellement relevait aussi, pour une bonne part, de données culturelles.

Une connaissance réelle de sa propre culture aurait certainement aidé cet homme dans une situation qu'il me décrivit plus tard. Un jour qu'il était très occupé, son fils le fit attendre pendant une heure. Il s'aperçut alors que sa tension avait monté dangereusement. La fâcheuse querelle qui suivit aurait pu être évitée si le père et le fils avaient replacé cette situation irritante dans son contexte culturel et si le père, conscient du fondement culturel de sa tension, avait expliqué : «Écoute, si tu veux me faire attendre, d'accord. Mais tu devrais comprendre que longue attente équivaut à une gifle en pleine figure. Si c'est ça que tu voulais exprimer, d'accord, mais sache bien que c'est une insulte que tu exprimes et ne prends pas des airs de faon apeuré si les gens réagissent en conséquence.»

L'une des meilleures raisons qui peut pousser l'homme de la rue à étudier sa propre culture est la connaissance de soi qu'il en retirera. Ce processus peut être intéressant et est toujours payant même s'il est parfois épuisant. Le meilleur moyen d'approfondir la connaissance de soi est de prendre au sérieux la culture des autres, ce qui force l'homme à être attentif aux détails de sa vie qui le différencient d'autrui.

Ceux qui connaissent bien ce sujet trouveront dans ces remarques la preuve que cet ouvrage n'est pas seulement une seconde mouture de ce qui a déjà été écrit à propos de la culture. L'approche est différente et implique une nouvelle manière de voir les choses. Je me suis référé aux Indiens et aux habitants du Sud-Pacifique : c'est là l'image de marque de l'anthropologie. Mais je l'ai fait uniquement pour éclaircir quelques points de notre propre comportement, pour mettre au grand jour nos attitudes inconscientes. On a déjà pu relever quelques idées développées dans cet ouvrage, dans de courts articles signés par Trager ou par moi et parus dans des revues spécialisées. La plupart de ce qui est présenté ici l'est pour la première fois. On n'a jamais développé ailleurs cette théorie complète et nouvelle de la culture en tant que communication. L'amateur de coutumes exotiques sera très déçu par la lecture de ce livre. Cet ouvrage insiste en premier lieu, non pas sur ce que disent les gens, mais sur ce qu'ils font et sur les principes cachés qui règlent leur comportement.

A la lumière de cette lecture, le lecteur deviendra conscient de soi. Il découvrira qu'il transmet des messages qu'il n'avait jamais pensé exprimer aussi clairement. Il pourra prendre parfois conscience de certaines réalités qu'il se cachait à lui-même. Le langage de la culture est aussi clair que celui des rêves analysé par Freud, à cette différence près qu'on ne peut pas le garder pour soi. Lorsque je parle de la culture, il ne s'agit pas seulement d'un concept abstrait imposé à l'homme et extérieur à lui ; il s'agit de l'homme lui-même, de vous et moi personnellement.

3

Le vocabulaire de la culture

Le succès de Sir Arthur Conan Doyle et de son personnage, Sherlock Holmes, vient du fait que Holmes sait très bien observer la communication non verbale et en déduire le maximum de données. Le passage suivant, tiré de *A Case of Identity*, illustre bien ce fait :

> Il s'était levé et observait à travers le store la rue londonienne morne et grise. Penché par-dessus son épaule, je vis, sur le trottoir opposé, une femme corpulente, vêtue d'un boa de fourrure et coiffée d'un chapeau à larges bords agrémenté d'une grande plume rouge qui lui frôlait l'oreille ; elle ressemblait ainsi à une coquette duchesse du Devonshire. Elle regardait furtivement et nerveusement nos fenêtres par-dessous son chapeau, tout en se balançant d'avant en arrière ; ses doigts étaient crispés sur les boutons de ses gants. Soudain, s'élançant comme un nageur qui plonge, elle traversa la rue en courant et nous entendîmes le tintement aigu de la sonnette.
> «Je connais ces symptômes», dit Holmes, jetant sa cigarette dans la cheminée. «Ce mouvement sur le trottoir signifie toujours *affaire de cœur*[1].

---

1. En français dans le texte. *(N.d.T.)*

Elle aimerait qu'on la conseille, mais n'est pas sûre que l'affaire ne soit pas trop délicate pour être confiée à un tiers. Nous pouvons pourtant nous prononcer sur ce point, car une femme qui vient d'être offensée par un homme n'hésite pas longtemps ; le symptôme habituel est un cordon de sonnette cassé. Nous pouvons dire qu'il s'agit d'une affaire de cœur et que la fiancée n'est pas courroucée, mais plutôt perplexe et chagrinée. Mais la voici en personne qui vient dissiper nos doutes. »

Sir Arthur explicite un processus que beaucoup d'entre nous expérimentent sans s'en rendre compte. Ceux qui ont des yeux pour voir peuvent lire à livre ouvert dans les événements qui les entourent. Par exemple, on n'a pas besoin d'expliquer aux membres d'un petit village agricole des États-Unis pourquoi le vieux Mr. Jones se rend en ville. Ils savent qu'un jeudi sur deux, il va chercher du fortifiant pour sa femme chez le pharmacien, puis se rend chez l'épicier, va dire bonjour à Charley, fait un tour en passant chez le shérif et rentre à temps pour le déjeuner. Jones, à son tour, peut dire si l'un ou l'autre de ses amis a des ennuis, et il y a des chances qu'il devine lesquels. Il est à l'aise dans ses habitudes parce que, le plus souvent, «il connaît la musique». Il n'a pas besoin de parler beaucoup pour se faire comprendre ; un hochement de tête ou un soupir lorsqu'il quitte le magasin sont suffisants. D'autre part, les étrangers le dérangent, non parce qu'ils ont des habitudes différentes, mais parce qu'il les connaît trop peu. Quand Jones rencontre un étranger, la communication, d'habitude aussi simple que la respiration, devient soudain difficile et trop compliquée.

Aujourd'hui, nous nous déplaçons si souvent que nous avons peine à établir avec notre entourage les mêmes rapports aisés que Jones avec ses vieux amis — quoiqu'il y ait sur le chemin suffisamment de repères connus pour nous éviter d'être désorientés. Le plus souvent, pourtant, ceux qui voyagent d'un bout à l'autre du pays doivent attendre plusieurs années pour s'intégrer à leur environnement et s'y sentir à l'aise. Non seulement les Américains se déplacent à l'intérieur du territoire, mais un million et demi de personnes, en nombre croissant chaque année, quittent les USA. L'embarras de Jones devant les étrangers n'est rien comparé à ce que ressentent nos voyageurs lorsqu'ils atterrissent en pays inconnu. Au premier abord, toutes les villes se ressemblent. Il y a des taxis, des hôtels avec eau courante chaude et froide, des théâtres, des enseignes au néon, de jolis gratte-ciel avec des ascenseurs et des gens qui parlent anglais. Mais l'étranger découvre bientôt, sous des apparences familières, des différences sensibles. Si quelqu'un dit « oui », cela signifie souvent tout autre chose et ce n'est pas parce que les gens sourient qu'ils sont contents. Le visiteur américain qui veut aider ses hôtes se voit souvent repoussé ; il essaie d'être amical et rien ne se passe. Les gens lui disent qu'ils veulent faire telle et telle chose, et ne le font pas. Plus il s'attarde, plus le pays étranger lui paraît énigmatique, jusqu'au moment où il apprend à découvrir les indices qui confirment ou infirment ce que disent oralement les gens. Il se rend compte que même Sherlock Holmes serait sans ressources dans un pays tel que le Japon et que seul son homologue japonais pourrait jouer son rôle.

À ce stade, ou bien l'Américain éclate de colère et tente de se retirer le plus possible de la vie des étrangers, ou bien il commence à chercher, avec perspicacité, ce qu'il peut faire pour éviter des quiproquos irritants. S'il est charitable, il tentera d'éviter au nouvel arrivant l'expérience lassante de toutes ces erreurs. C'est peut-être là le commencement de la sagesse culturelle, car cela mène à une réflexion systématique sur les processus de familiarisation que chacun de nous expérimente dans des rapports avec une culture étrangère.

En approfondissant ce problème des différences entre deux cultures données et du moyen de les exprimer en termes généraux, je me suis aperçu qu'il n'existe pas de pierre de touche pouvant servir à l'explication d'une culture donnée. Je me trouvai alors en désaccord avec la plupart des anthropologues, qui considèrent la culture comme une catégorie unique. J'arrivai à cette conclusion après m'être aperçu qu'il n'y avait pas de discontinuité entre le présent, où l'homme agit comme un animal qui engendre la culture, et le passé où n'existaient ni homme ni culture. Il y a une constante continuité entre le passé le plus reculé et le présent, car la culture a des bases biologiques dans des activités biologiques. On peut appeler infraculture le comportement qui a précédé la culture et que l'homme a élaboré pour parvenir à la culture telle que nous la concevons aujourd'hui. L'appropriation du territoire est un exemple d'activité infraculturelle, liée à la manière dont le poisson, le lion et l'homme moderne s'attribuent et défendent leur territoire.

Il est possible, si on analyse de l'infraculture, de montrer que les bases complexes — et souvent biologiques — sur lesquelles s'est élaboré le comportement de l'homme sont apparues à diverses époques de l'histoire de l'évolution. J'ai également établi, avec Trager, que le nombre de ces bases infraculturelles était probablement limité, et qu'elles se sont scindées en deux types différents d'activités n'ayant apparemment que peu de rapports entre elles.

Il semble clair, puisque la culture est acquise, que l'on peut l'enseigner, quoique cette démarche ait échoué jusqu'ici, exception faite du langage qui est l'un des points communs dominants dans toutes les cultures. Les progrès fulgurants enregistrés dans la recherche, l'apprentissage et l'analyse du langage, et rendus possibles par la linguistique moderne, nous ont amenés à analyser en détail les raisons de ce succès. Nos observations ont eu pour résultat l'établissement de critères valables pour les autres systèmes culturels. Pour entrer dans la catégorie des systèmes culturels, chaque système doit :

1. Avoir pour racine l'activité biologique, parallèlement à d'autres formes de vie plus évoluées. La continuité avec le passé est essentielle

2. Être susceptible d'être analysé en termes propres sans références aux autres systèmes, être organisé de telle manière qu'il comprenne des composantes isolées pouvant être regroupées dans des unités plus complexes, et, paradoxalement :

3. Être constitué de telle manière qu'il reflète le reste de la culture et soit reflété par elle.

Ces critères sont opérationnels. C'est-à-dire qu'ils sont basés sur l'observation du fonctionnement réel d'un système culturel, en l'occurrence le langage. Ils sont valables du point de vue de l'anthropologue. Il existe dix catégories distinctes d'activités humaines, que j'appellerai systèmes de communication primaires (SCP). Seul le premier SCP fait appel au langage. Tous les autres sont des formes non linguistiques du processus de communication. Chacun étant lié aux autres, on peut commencer l'étude de la communication par n'importe lequel de ces dix SCP pour aboutir au tableau complet. Les systèmes de communication primaires sont :

1. interaction,
2. association,
3. subsistance,
4. bisexualité,

5. territorialité (territoire),
6. temporalité,
7. connaissance,
8. jeu,
9. défense.
10. exploitation (utilisation de la matière).

En analysant l'un après l'autre ces dix SCP, j'insisterai sur trois points : comment la biologie se retrouve dans chacun ; comment chacun peut être examiné en soi ; la place de chacun dans la structure culturelle.

1. *L'interaction* est basée sur la sensibilité sous-jacente de toute espèce vivante. L'interaction avec l'environnement est signe de vie ; le contraire est preuve de mort. Les schémas d'interaction commencent avec la sensibilité fondamentale des formes de vie les plus simples et deviennent de plus en plus complexes au long de l'échelle phylogénétique.

L'une des formes d'interaction les plus développées est le discours, que viennent appuyer les gestes et le ton de la voix. L'écriture est une forme d'interaction particulière qui fait appel à un ensemble de symboles spécifiques et se développe en formes caractéristiques. En plus de cette interaction linguistique bien connue, il existe des variantes spécifiques à chaque SCP. L'homme interfère avec autrui dans sa fonction d'élément d'un groupe (association). Le temps et l'espace sont des dimensions où s'inscrit l'interaction. L'acquisition des connaissances, l'enseignement, le jeu et la défense représentent également des formes spécifiques d'interaction.

En dernier ressort, tout ce que fait l'homme implique une interaction avec un autre élément. L'interaction est au centre de l'univers culturel et tout découle d'elle.

2. *L'association.* On oublie souvent que le corps des organismes complexes est en réalité un ensemble de cellules dont la plupart ont une fonction très

spécifique, et que les premières associations se sont produites entre des cellules qui se sont constituées en colonies. L'association commence donc là ou deux cellules se joignent.

A une certaine époque, les psychologues attachaient beaucoup d'importance à «l'ordre des coups de bec» chez les poulets. On se rappellera que chaque couvée possède un poulet qui donne des coups de bec aux autres sans jamais en recevoir; à l'autre extrémité se trouve un poulet qui reçoit des coups de bec de tous les autres. Entre ces deux extrêmes, la portée s'organise en une progression ordonnée, depuis l'avant-dernier qui ne peut becqueter qu'un seul de ses congénères, jusqu'au second à partir du début, qui reçoit des coups de bec uniquement du «chef». En fait, toute espèce vivante organise sa vie selon un schéma défini d'*association*. Les poulets ont un «ordre des coups de bec»; les chevaux ont un «ordre des ruades et des coups de dents». Dans certains cas, l'ordre hiérarchique strict est remplacé par une autre forme d'association. Konrad Lorenz discerne chez les chiens deux schémas d'association différents, basés sur le comportement ancestral des loups et des chacals. Les loups sont toujours très fidèles, aussi bien à la bande qu'à son chef; cette fidélité se développe très tôt et dure jusqu'à la mort. Au contraire, les chacals semblent former un groupe beaucoup moins homogène; l'association est occasionnelle. Ils ne connaissent pas la fidélité du loup pour son chef ou sa bande. Ils sont beaucoup plus inconstants, se font vite des amis et sont en fin de compte moins fidèles.

On peut observer d'autres formes d'association chez les moutons, les troupeaux de cerfs ou de chevaux, les bancs de poissons; des relations de couple s'établissent chez certains oiseaux et mammifères tels que l'oie et le lion et la famille du gorille. Les schémas d'association s'étendent sur des périodes considérables, et s'ils changent un jour, c'est toujours à la suite d'une pression très forte exercée par l'environnement. Le célèbre anthropologue Ralph Linton a montré que les lions du Kenya avaient l'habitude de chasser seuls ou par deux. Quand le gibier se faisait rare, ils recommençaient à chasser en bande. Il est intéressant de noter que la fonction de chaque lion est liée à son rôle dans le groupe. Il s'agissait pour les lions de former un grand cercle, laissant l'un d'entre eux au centre. En rugissant et en resserrant le cercle, ils amenaient la victime au milieu, où un seul lion pouvait la tuer. L'évolution de ce genre d'association préfigure le don d'adaptation dont l'homme fait clairement preuve.

L'évolution de l'homme à partir du mammifère est si complexe qu'on n'en a jamais analysé ni décrit que les aspects les plus évidents. Mon but ici est de mettre au jour les différentes manières dont sont organisées et structurées les sociétés et leurs composantes.

Le vocabulaire des différentes classes sociales peut éclairer l'interrelation du SCP de l'association et du langage. D'autres exemples : le ton de celui qui parle en tant que chef ; la complexité des positions sociales et des formes de déférence développées par les Japonais, correspondant à leurs hiérarchies très structurées ; dans notre société, la politesse avec laquelle on aborde les individus de rang supérieur (l'infirmière un médecin, le soldat un capitaine, le capitaine un général, etc.).

3. *La subsistance.* Comme les autres SCP, la subsistance est fondamentale et prend racine aux sources de la vie. L'une des premières choses qu'il faut savoir au sujet des êtres vivants est l'ensemble de leurs besoins alimentaires ; que mangent-ils ? Comment, à l'état sauvage, se procurent-ils leur nourriture ? L'homme a développé ses besoins, son travail et sa vie comme il a développé tous les autres SCP. Tout

est inclus dans le SCP de subsistance, depuis les habitudes alimentaires individuelles jusqu'à l'économie nationale. Non seulement on juge et on aborde les gens en termes d'alimentation, mais chaque pays a son système économique propre.

Pour saisir la relation entre la subsistance et les autres SCP, il n'est que de citer, par exemple, le comportement et les paroles caractéristiques aux repas. Des tabous très stricts planent sur la table de la salle à manger ; ainsi, le sexe et les fonctions physiologiques. Puis viennent les coutumes et le vocabulaire spécifiques qui se sont greffés sur chaque occupation et chaque profession ; chacune de ces coutumes est une forme de subsistance très spécialisée. Le travail, bien sûr, fait toujours l'objet d'un classement et il est très étroitement lié aux schémas d'association existants. Ce qui se trouve au sommet de l'échelle des valeurs dans une culture peut se trouver tout en bas dans une autre. C'est l'un des points qui engendrent les plus grandes difficultés pour l'Américain vivant à l'étranger, qu'il soit assistant technique au service du gouvernement, industriel ou simple touriste.

Si les Américains n'hésitent pas devant le travail manuel, celui-ci est considéré, dans beaucoup d'autres cultures, comme une dégradation et le signe d'un rang social très bas. Cette seule différence engendre d'innombrables difficultés et retards. Souvent, le rôle de l'Américain est mal interprété parce qu'il « met la main à la pâte » ou montre comment faire telle ou telle chose. Dans d'autres cas, les autorités locales refusent purement et simplement de toucher de près ou de loin à une tâche si dégradante qu'on doit l'accomplir avec les mains. Pendant des années, l'Amérique latine a manqué d'infirmières parce que ce métier était situé si bas dans l'échelle sociale que seules les jeunes filles sans éducation le pratiquaient. Les tâches de l'infirmière, par exemple, manipuler des bassins de lit, étaient considérées comme sales et dégradantes. De même, lorsqu'on voulut introduire en Amérique latine les normes de sécurité de l'industrie, toutes les tentatives butèrent sur des obstacles culturels quand les ingénieurs s'aperçurent qu'ils devaient porter des vêtements de travail et « tester » les dispositifs de sécurité des machines.

4. *La bisexualité.* La reproduction sexuelle et la différenciation entre forme et fonction (bisexualité) au long des générations sont également ancrées profondément dans le passé. Leur fonction primaire s'explique par le besoin de combinaisons génétiques variées, en tant que moyen d'affronter les modifications de l'environnement. Sans le sexe, la descendance suit une ligne unique et se concentre dans un ensemble de caractéristiques uniques. Chez l'homme, les combinaisons génétiques sont pratiquement illimitées.

Ceux qui connaissent bien les animaux savent combien les différences sexuelles à l'intérieur d'une même espèce sont fondamentales. Une des premières choses à savoir, c'est si l'animal est un mâle ou une femelle de son espèce. Le fait que chez l'animal, le comportement est en premier lieu conditionné par le sexe, a conduit à des erreurs quant à la place du sexe chez l'homme. Il est faux de penser que le comportement de l'homme est lié à la physiologie. Des études sur la culture ont montré que ce n'est pas le cas habituellement. Des comportements adoptés par l'homme dans une société peuvent être considérés comme féminins dans d'autres. Toutes les cultures différencient l'homme de la femme et habituellement, lorsqu'un schéma de comportement est associé à l'un des deux sexes, l'autre l'abandonne.

Les Sud-Américains ont toujours pensé que l'homme ne pourrait jamais faire taire les élans qui le poussent vers une femme lorsqu'il est seul avec elle. Évidemment, les femmes sont censées ne pas pouvoir

résister à l'homme. Il s'ensuit que les schémas d'association se sont enrichis de mesures de sauvegarde et
de protection. Les Américains qui se rendaient en
Amérique latine étaient prévenus avant leur départ que
s'ils se laissaient entraîner, avec un individu de l'autre
sexe, dans une situation où il aurait pu se passer
quelque chose, il serait inutile de dire aux gens, même
si c'était vrai, qu'il ne s'était rien passé. La réponse
des Latins était : « Après tout, vous êtes un homme,
n'est-ce pas ? C'est une femme, non ? » La difficulté
pour les Américains était de concevoir que pour ces
gens, l'homme et la femme étaient considérés différemment par rapport à la manière dont lui les voyait.
En Amérique latine, les deux sexes pensent que leur
pouvoir de volonté vient, non pas de leurs inhibitions,
mais des autres.

On rencontre en Iran une autre variante du SCP de
bisexualité. Les hommes sont censés montrer leurs
émotions — par exemple, les accès de colère de
Mossadegh. En Iran, on ne fait pas confiance à celui
qui n'a pas d'émotions — il lui manque alors un trait
de caractère primordial. Les Iraniens lisent des poè-
mes ; ils sont sensibles, ont une intuition développée
et, souvent, ne sont pas censés faire preuve de
logique. Par contre, les femmes sont considérées
comme des êtres froids et pratiques. Elles portent la
plupart des caractéristiques que nous attribuons aux
hommes aux USA. Un employé du ministère des
Affaires étrangères, très perspicace, qui avait passé de
nombreuses années en Iran, faisait remarquer : « Si
vous inversez les rôles émotionnels et intellectuels de
l'homme et de la femme, vous vous en sortirez
beaucoup mieux dans vos rapports avec les Iraniens. »

Ce genre de remarque étonne la plupart des gens,
car ils ont du mal à croire qu'un comportement
qu'ils ont toujours associé à la « nature humaine » ne
soit absolument pas naturel, mais acquis et faisant

partie d'une catégorie particulière complexe. L'une des raisons possibles de cette réticence à admettre le concept de culture est qu'il jette le doute sur nos croyances les mieux enracinées. Des principes fondamentaux, comme le concept de masculinité et de féminité, varient dans de grandes proportions d'une culture à l'autre. Il est plus facile de refuser le concept de culture que de le regarder en face.

Les liens entre le discours et le sexe sont évidents. Si le lecteur en doute, qu'il se mette à parler comme un individu du sexe opposé pour voir la réaction de ses interlocuteurs. Il existe également des liens entre sexe et territoire. Chez les oiseaux, il y a des aires de ponte, des territoires précis pour les nids et, dans beaucoup d'espèces, le territoire est défendu par des mâles contre d'autres mâles. Chez les humains, il y a des lieux où le comportement des sexes l'un vis-à-vis de l'autre est imposé, comme le salon ou la chambre. On peut voir se mêler le sexe et le territoire dans les réunions ou les salons un peu vieillots d'où «ces dames» étaient exclues.

Le temps entre également en jeu, du fond des âges où les saisons réglaient l'instinct sexuel de la plupart des espèces. L'homme, après s'être libéré des lois imposées par les règles biologiques, s'est créé de nouvelles limites; on le voit en particulier dans la détermination de l'âge où sont censées commencer les relations hétérosexuelles. Malinowski, en décrivant les coutumes des Trobriandais, a montré que leur vie sexuelle est active vers six ou huit ans pour les filles et dix ou douze ans pour les garçons.

5. *La territorialité.* La territorialité est le terme technique par lequel les ethnologues désignent la prise de possession, l'usage et la défense d'un territoire par des organismes vivants. Les oiseaux ont des territoires identifiables, sur lesquels ils couvent et se nourrissent. Les animaux carnivores possèdent des territoires de

chasse ; les abeilles cherchent le sucre dans des lieux bien précis ; l'homme utilise l'espace, dans toutes les activités qu'il entreprend. L'équilibre de la vie par l'usage de l'espace est l'un des plus fragiles qui soit. La territorialité se retrouve dans chaque détail de la vie. Lorsqu'ils sont dans l'arène, même les taureaux espagnols tendent à délimiter des territoires de retraite d'où il est difficile de les déloger.

L'histoire de l'homme et de son passé est pour une grande part celle de ses efforts pour arracher l'espace à ses adversaires et le défendre contre les étrangers. On s'en convaincra en survolant la carte de l'Europe au siècle dernier. On peut trouver, pour illustrer ce concept de territorialité, une multitude d'exemples courants. Les mendiants ont un terrain d'action, tout comme les policiers qui tentent de les en déloger ; les prostituées travaillent sur un côté déterminé de la rue. Les vendeurs et les démarcheurs ont leur territoire propre et le défendent, comme tout organisme vivant. Le symbolisme de l'expression « vivre sur le dos de quelqu'un » décrit parfaitement ce concept. La possession d'un territoire est l'un des éléments essentiels de la vie ; celui qui n'en possède pas se trouve dans une situation plus que précaire.

L'espace (ou la territorialité) est lié de manière subtile et variée au reste de la culture. Le rang social, par exemple, est indiqué par la distance qui sépare, dans les occasions solennelles, l'invité du haut de la table ; la voix se modifie en fonction de la distance (du murmure au cri) ; il existe des *lieux* pour le travail, le jeu, l'éducation, la défense ; il existe des instruments tels que règles, chaînes d'arpenteur, viseurs, destinés à mesurer l'espace et les limites de chaque chose, de la maison à l'État.

6. *La temporalité.* Comme je l'ai dit dans les chapitres précédents, le temps est lié par tant de côtés à la vie qu'il est difficile de l'ignorer. La vie est faite

de cycles et de rythmes, dont certains sont en relation directe avec la nature — rythme cardiaque et respiratoire, cycle menstruel, etc. Ces processus, en divisant la société en groupes d'âge assez précis, font intervenir à la fois le temps et l'association. L'heure des repas varie bien sûr selon les cultures, tout comme le rythme du discours. Il faut préciser que certains de ceux qui étudient la culture voient chaque chose dans une perspective historique ; il est certain que celui qui connaît les relations temporelles entre les événements sait beaucoup de choses.

7. *L'acquisition des connaissances.* La connaissance prit une importance primordiale, en tant que mécanisme d'adaptation, lorsque, à la fin du permien ou au début du triasique, un ancêtre inconnu et commun aux oiseaux et aux mammifères devint un animal à sang chaud. Il y a de cela cent millions d'années.

Avant cette époque, le rythme de la vie dépendait entièrement de la température extérieure. Si la température s'abaissait, le mouvement ralentissait. Ceci ne désavantageait aucune des espèces à sang froid, puisque tout ralentissait dans le même mouvement. Quand les mécanismes de contrôle de la température s'intériorisèrent, les animaux à sang chaud furent libérés des contraintes que leur imposaient les changements de température. Ceci augmenta sensiblement leurs chances de survie, l'intensité de leurs perceptions sensorielles, et mit l'accent sur les phénomènes d'adaptation — migrations, nids, tanières, etc. — permettant à l'organisme d'affronter des écarts de températures extrêmes.

Ce passage du sang froid au sang chaud eut pour résultat d'imposer à l'organisme une taille minimum au-dessous de laquelle l'animal serait mort de la perte de chaleur. Quand la taille du corps tombe au-dessous d'un certain minimum, la surface extérieure augmente par rapport au volume dans des proportions telles que l'animal ne peut se nourrir assez vite pour faire fonctionner correctement les processus métaboliques. Il a été établi qu'un *gros* oiseau-mouche peut voler pendant sept heures avant que ses réserves de graisse (1 gramme) soient épuisées. Les petits oiseaux-mouches ont une condition plus précaire encore ; et il semble qu'une musaraigne puisse mourir de faim en quelques heures.

Parallèlement à l'accroissement de la taille lié au sang chaud, le nombre d'individus dans une même espèce devient limité. Les oiseaux, les mammifères, les insectes ont prouvé leur facilité d'adaptation aux changements de l'environnement. Dans l'univers des insectes, la faible durée de vie des individus fut compensée par une reproduction effrénée. Les animaux à sang chaud durent évidemment trouver d'autres mécanismes d'adaptation, à cause de leur grande taille, de leur existence assez longue et du nombre restreint de leur progéniture. Ils en vinrent à dépendre de plus en plus de la connaissance en tant que mécanisme d'adaptation, lorsqu'elle put *être étendue dans le temps et dans l'espace au moyen du langage.* Un faon peut apprendre à connaître un homme armé par la réaction de sa mère à l'apparition de cet homme ; mais il n'existe aucun moyen, aucun langage pour ce faon, lui permettant de savoir à l'avance et sans démonstration réelle. Les animaux n'ont aucun moyen symbolique d'*enregistrer* leur savoir pour un usage ultérieur.

Les psychologues ont toujours été préoccupés par la théorie de la connaissance et un anthropologue, John Gillin, a mis en œuvre une théorie de l'apprentissage dans son texte sur l'anthropologie. Mais des complications surgissent lorsqu'on sait que des peuples appartenant à des cultures différentes *apprennent à apprendre* de manière différente. Certains apprennent de mémoire et machinalement, sans référence à la «logique» telle que nous la concevons, tandis que d'autres apprennent par la démonstration, mais sans que le professeur demande à l'élève de faire quoi que ce soit durant «l'apprentissage». Certaines cultures, comme celle des Américains, insistent sur le «faire» en tant que principe d'apprentissage, alors que d'autres ne possèdent aucun sens pragmatique. Les Japonais guident la main de l'élève alors que nos professeurs ne se permettent pas habituellement le contact avec autrui. L'éducation et les systèmes d'éducation sont presque autant chargés d'émotions et typiques d'une culture donnée que son langage. Nous ne devrions pas être surpris de rencontrer une opposition effective à notre système d'éducation lorsque nous tentons de le transporter à l'étranger.

Apprendre à apprendre de manière différente, voilà ce à quoi doivent travailler ceux qui se rendent à l'étranger pour former le personnel local. Il paraît inconcevable à l'individu moyen, élevé dans une culture donnée, qu'une chose aussi fondamentale que la connaissance puisse se transmettre par une méthode tant soit peu différente de celle qu'il a connue lui-même. Mais le fait est qu'une fois que les gens ont appris à apprendre d'une certaine manière, il leur est extrêmement difficile d'expérimenter de nouvelles méthodes.

Le reste de la culture reflète cette manière d'apprendre, car la culture est «un comportement acquis et commun». L'acquisition des connaissances est donc l'une des activités fondamentales de l'homme; et les éducateurs auraient une meilleure maîtrise de leur discipline s'ils feuilletaient les ouvrages de linguistique descriptive des premiers pionniers et approfondissaient le sujet qui les intéresse en cherchant comment apprennent les autres peuples.

Des hommes comme Edward Sapir ont bouleversé les théories linguistiques et les méthodes d'enseignement du langage. Ceci vient de ce qu'ils ont dû résoudre les problèmes posés par l'étude des langues « primitives ». La prétendue « méthode militaire » de la Seconde Guerre mondiale a été profondément influencée par des linguistes rompus à l'anthropologie, de même que le programme de linguistique du ministère.

L'éducateur apprendra beaucoup de ses propres systèmes d'acquisition des connaissances en étudiant des systèmes très différents qui lui poseront des problèmes jamais envisagés auparavant. Les Américains, en particulier, sont convaincus depuis trop longtemps que leurs systèmes d'éducation sont ce qui se fait de mieux et que les autres systèmes sont très en retard sur le leur. Ils ont même tenté de dominer les méthodes d'éducation japonaises, si élaborées et si bien adaptées. Notre suffisance et notre arrogance ne s'expliquent que par l'aveuglement de l'individu dans sa culture. Il n'y a pas de quoi être fier si l'on regarde, non vers les autres, mais vers nous Américains. Le fait que la majorité de nos enfants détestent l'école ou en sortent sans avoir rien appris montre bien que nous avons encore beaucoup à apprendre dans le domaine des processus d'acquisition des connaissances.

On comprend, en regardant ses propres enfants grandir et apprendre, le rôle vital de la connaissance en tant qu'agent de la culture, pour ne rien dire de son rôle stratégique dans les mécanismes de survie. Tout enfant, depuis sa naissance sans culture jusqu'à l'âge de quatre ou cinq ans, absorbe ce qu'il voit autour de lui à un rythme qu'il n'atteindra plus jamais au cours de sa vie. Entre six et dix ans, l'enfant continue à se développer rapidement pourvu que les méthodes d'éducation ne l'écrasent pas sous les rochers de la connaissance.

Pourtant, l'école n'est pas seule responsable de l'éducation. Les parents et les autres en général ont aussi leur rôle à jouer. Ayant appris à apprendre d'une manière particulière, les adultes peuvent transmettre leurs préjugés et leurs principes de manière parfois très adroite, parfois moins. Voici un exemple de ce que chaque membre de notre culture a expérimenté d'une manière ou d'une autre. L'histoire commence quand une arrière-grand-mère rend visite à son arrière-petite-fille âgée de trois ans. La fillette, comme tous les enfants de trois ans, trottine alentour et assimile tout ce qui se passe. Mis à part la nourriture et le sommeil, sa principale préoccupation est le contrôle des communications qui s'établissent autour d'elle ; elle veut expérimenter l'interaction avec les autres dans les termes qui leur sont propres. L'arrière-grand-mère regarde. Elle voit quelque chose qui l'inquiète. Elle reste assise un moment puis se lève et s'écrie avec une intonation de reproche : « Regardez-moi cette petite copieuse. Louise, veux-tu bien arrêter ! Cesse de vouloir tout singer. » En refusant son approbation, l'arrière-grand-mère montrait comment la connaissance est séparée de l'imitation consciente, qu'elle désapprouve ouvertement.

Afin de servir la race humaine, la connaissance, comme le sexe, ne doit pas rester sauvage mais être canalisée et quelquefois dirigée. Il y a beaucoup à apprendre si l'on veut bien analyser en détail ce processus au sein d'autres cultures ; et il se peut qu'en faisant cette analyse, nous autres Américains qui sommes si fiers de notre efficacité, découvrions des choses susceptibles de nous aider à améliorer nos écrasantes méthodes d'éducation. Notre approche habituelle de l'enseignement de l'écriture n'est que la plus évidente des défaites de la pédagogie américaine. C'est le symptôme d'une maladie dans notre système d'éducation. Loin d'être utile à l'enfant, l'apprentissage est souvent pénible et difficile.

Sur l'atoll de Truk, dans le Sud-Ouest du Pacifique, on laisse l'enfant atteindre l'âge de neuf ou dix ans avant de lui parler de manière technique des connaissances qu'il est censé acquérir. Les autochtones disent souvent : « Il ne sait pas, ce n'est qu'un enfant. » Les Américains ont tendance à être trop impatients avec les enfants. Chez nous, la connaissance est liée à une certaine contrainte, de sorte que ceux qui assimilent vite sont considérés comme supérieurs à ceux qui assimilent lentement. Certaines cultures semblent négliger cette rapidité au profit d'une éducation plus adaptée. D'autre part, la méthode pédagogique courante aux États-Unis est de demander aux enfants s'ils connaissent le sens de tel mot. C'est un très mauvais entraînement pour un futur savant.

Les Américains pensent que leurs enfants doivent « comprendre » ce qu'ils ont appris. Ce qui se passe, c'est qu'une bonne partie des connaissances sont transmissibles de manière simple ; mais les explications compliquées et souvent fausses qui s'y ajoutent sont une source de difficulté pour l'enfant. La toute-puissance de la logique et de l'explication en tant que méthode ne semble pas avoir cours chez les Arabes ou les Japonais, qui ont pourtant apporté leur contribution au monde de la science.

On continuera, dans les temps à venir, à s'interroger sur les différentes manières d'apprendre. Pour l'instant, ces différences représentent une barrière chaque fois que deux individus de cultures différentes se rencontrent, même à court terme. Les Américains diront : « Pourquoi les Sud-Américains ne sont-ils jamais à l'heure ? » « Les Thaïs ne peuvent-ils pas apprendre à faire bouillir l'eau pour les cubes de glace ? » La réponse est dans le fait que personne ne leur a appris, en se référant à d'autres aspects de leur vie, à faire bouillir l'eau des cubes de glace.

8. *Le jeu.* Au cours de l'évolution, le jeu s'avère être un processus relativement récent et mal interprété dans son interaction avec les processus vitaux. S'il est

très développé chez les mammifères, il est difficilement observable chez les oiseaux ; il reste encore à préciser son rôle en tant que mécanisme d'adaptation. Toutefois on peut dire qu'il est intimement lié à tous les autres SCP. Les gens rient et plaisantent ; et celui qui connaît et contrôle réellement l'humour d'un peuple peut dire qu'il connaît et contrôle également les autres aspects de la vie de ce peuple. Beaucoup de peuples, de par le monde entier, connaissent ce qu'on appelle la « relation de jeu », et dans notre culture elle-même, il existe une catégorie de relations symbolisée par le « compagnon de jeu ». Le jeu a ses *lieux* et son *temps* (pièces ou aires récréatives dans les maisons ou les parcs) ; la très vaste industrie du jeu est florissante. Le jeu et la connaissance sont intimement liés, et il est facile de montrer la relation qui existe entre l'intelligence et le jeu. Des jeux tels que les échecs et le jeu de Go sont presque entièrement fonction d'un développement intellectuel de type particulier.

Les liens entre le jeu et le SCP de défense sont également très étroits ; on utilise souvent l'humour comme bouclier pour protéger des points faibles ou vulnérables. Ce lien est également très bien illustré par les exercices pratiqués par l'armée, qui « joue à la guerre » *(war games)*.

L'un des traits principaux du jeu en Europe est la notion de compétition. Nous sommes alors très surpris par les jeux des Indiens Pueblos, ou même leurs courses auxquelles participent, en même temps que des adolescents, des vieillards et des petits garçons. Le but de la course n'est pas de gagner mais de « faire de son mieux ». En fait le jeu tel que nous le concevons est rarement une activité autonome. Pour prendre un exemple extrême, le jeu en Occident était autrefois associé à une certaine violence. Les plaisanteries étaient souvent grossières et nuisaient au but du jeu. En général, l'humour américain est de type binaire, agressif ou détaché. On rencontre toutefois, en Extrême-Orient, une progression continue et étendue des différents degrés de l'humour.

9. *Défense.* Aussi bien pour l'homme que pour l'animal, la défense est une activité spécifique d'importance vitale. L'éthologie qui étudie les formes de vie inférieure, a depuis longtemps analysé et décrit les mécanismes défensifs des organismes étudiés. On peut d'ailleurs connaître ces mécanismes avant même d'avoir découvert les habitudes alimentaires d'un animal. L'opossum fait semblant d'être mort, le caméléon change de couleur pour se confondre avec l'environnement, la tortue se retire dans sa carapace, la mouffette répand son odeur et la seiche son nuage d'encre, les oiseaux voyagent en colonie pour déjouer les faucons. Ces mécanismes défensifs sont des plus courants ; n'importe qui peut les citer.

L'homme a élaboré ses méthodes défensives avec une ingéniosité étonnante, non seulement en ce qui concerne la guerre, mais aussi la médecine, la religion et l'application des lois. Il doit se défendre non seulement contre des forces naturelles menaçantes, mais aussi contre des groupes humains hostiles. Bien plus, il doit faire face aux forces destructives en action dans son propre corps. Le but de la religion est d'écarter à la fois les dangers naturels et ceux de l'intérieur. Les lois défendent la société contre ses agresseurs et les autres ennemis doivent affronter l'armée. Le médecin défend également l'intégrité du groupe et de l'individu face aux catastrophes.

Nous parlerons brièvement des fonctions de la religion, car nous les connaissons et les comprenons mieux, dans leur signification interculturelle, que celles de la médecine, des lois ou de la stratégie. Mais il y a une chose qu'il ne faut pas oublier quand on définit la religion au sein de chaque culture. Mis à part peut-être l'URSS, ce sont les Américains qui ont le plus compartimenté et réduit la religion dans sa fonction sociale. Pour les Navajos, beaucoup d'activité telles que la médecine, le jeu, le sport et la science ont une résonance religieuse. Au Moyen-Orient, le rôle de l'islam est beaucoup plus étendu que celui du christianisme dans l'Europe d'aujourd'hui. Il est difficile à l'Occidental d'imaginer à quel point la vie des Arabes est conditionnée par la religion ; le contenu de la religion, ses règles et la manière dont elle s'intègre à la vie d'un peuple, varient beaucoup d'une culture à l'autre.

La médecine est également très différente selon les cultures. Bien que l'Occident ait enregistré de grands succès en ce domaine, nous ne devons pas ignorer les ressources des autres méthodes capables de prévenir la souffrance humaine. Les savants ont rassemblé beaucoup de données sur les méthodes curatives des autres sociétés. Tout le monde connaît le vaudou haïtien, le médecin des Navajos et le phytothérapeute des Chinois. L'homme est toujours fidèle à ses méthodes curatives et ne les abandonne, tout comme la religion, qu'après les plus grands bouleversements. On peut également observer de grandes variations dans l'attitude face à la maladie. Comme l'a montré Margaret Mead, l'Américain croit toujours plus ou moins consciemment que la cause de sa maladie se trouve en lui-même. Au contraire, le Navajo ne s'en prend jamais à lui-même ; il pense que s'il est malade, c'est qu'il a marché par inadvertance sur un sol tabou, ou qu'un ennemi lui a jeté un sort.

Tout comme la médecine, qui est une défense contre la maladie, la stratégie, utilisée par l'homme contre ses congénères ennemis, est également partie intégrante de la culture. Elle présente, dans ses schémas formels, des caractères rituels aussi marqués que ceux de la religion. On en eut un exemple frappant lors de la Seconde Guerre mondiale. Les schémas culturels japonais ne mettant pas en jeu le fait que les soldats puissent être capturés vivants, aucune précision ne leur était donnée quant à l'attitude à adopter s'ils étaient faits prisonniers. Ceux-ci n'avaient donc aucun sens de la sécurité militaire, répondaient librement lors des interrogatoires et coopéraient avec leurs ennemis d'une manière considérée par les Européens comme relevant de la traîtrise. En Corée, les stratèges américains pensaient que les soldats sauraient, sans consignes préalables, comment se comporter s'ils étaient faits prisonniers. Les rapports rédigés lors de cette guerre ont mis en évidence la vulnérabilité psychologique des Américains faits prisonniers. La consigne simple « Donnez votre nom, votre grade, votre numéro, et rien d'autre », ne servait à rien. La plupart des Américains parlaient trop ; la plupart mouraient inutilement ; beaucoup se laissaient mourir ou étaient tués ; personne ne s'évadait, car les prisonniers agissaient conformément à un schéma culturel précis, n'étaient pas préparés à affronter les Nord-Coréens ou les communistes chinois et abandonnaient toute résistance quand ils étaient « bien » traités. Les gentillesses des communistes exaltaient les prisonniers dont la vie était physiquement très éprouvante. Certains Américains pensaient que, parce qu'ils étaient prisonniers, la guerre était finie pour eux et qu'ils ne se trouvaient plus sous contrôle militaire. Les schémas culturels qui cimentaient leur vie s'effritaient sous les pressions insidieuses des communistes. Pour leur part, ces derniers étaient déroutés par le souci d'égalité des Américains, l'absence de toute hiérarchie clairement définie et le caractère informel des directives américaines à chaque situation nouvelle. Quand les communistes voyaient les prisonniers américains se confier ou demander conseil à un homme et à lui seul, ils pensaient avoir affaire à un complot. Ils écartaient alors du groupe ce chef en puissance, ce qui empêchait le développement de toute pratique de groupe, sanction ou contrôle. Les Turcs envoyés en Corée s'en sortaient beaucoup mieux. Ils disaient simplement aux communistes qui était leur chef et affirmaient clairement que s'il venait à disparaître, le second en grade prendrait sa place et ainsi jusqu'au dernier. Cela signifiait qu'il y aurait toujours un chef pour remplacer celui que les communistes mettaient à l'écart. L'organisation de l'armée turque restait intacte.

10. *L'exploitation.* Afin d'exploiter l'environnement, tous les organismes entraînent leurs corps à affronter des conditions extérieures définies. Ainsi, le long cou de la girafe (qui correspond aux feuilles des arbres), les dents acérées du tigre, les doigts du paresseux, les sabots du cheval et le pouce opposable de l'homme. Occasionnellement, certains organismes ont développé ce qu'on peut appeler des extensions de leur corps, destinées à remplacer ce dernier en le laissant libre pour d'autres activités. Parmi ces ingénieux développements, citons la toile de l'araignée, les cocons, les nids des oiseaux et des poissons. Quand l'homme apparut, avec son organisation corporelle spécifique, ces extensions jouèrent le rôle de moyens d'exploitation de l'environnement.

De nos jours, l'homme a développé des extensions de toutes les parties, ou presque, de son corps. L'évolution de l'arme va du poing et des dents à la bombe atomique. Les vêtements et l'habitation sont des extensions du mécanisme biologique de contrôle de la température. On ne s'accroupit ni ne s'assoit plus sur le sol, grâce aux meubles. Des instruments tels que les lunettes, la télévision, le téléphone et les livres, qui sont tous des extensions matérielles des membres humains, transportent la voix à travers le temps et l'espace. L'argent est un moyen d'extension et d'économie du travail. Le réseau des transports fait de nos jours ce que faisaient nos ancêtres avec leur dos et leurs jambes. En fait, les objets matériels créés par l'homme peuvent être définis en tant qu'extension d'une activité ou d'un membre humains.

Les objets ont un lien étroit avec le reste de la culture. On assimile souvent à l'ensemble de la culture d'un peuple l'évolution ou l'absence d'évolution des objets qu'il utilise ; en fait, chaque système de communication primaire (SCP) possède un aspect matériel auquel il est étroitement lié. Les hommes et les femmes s'habillent différemment, les outils sont adaptés au travail ; on mesure le temps et l'espace avec divers instruments ; il y a des jouets pour jouer, des livres pour apprendre, et même des signes matériels indiquant la classe sociale. Le lien entre les objets et le langage est particulièrement étroit. Non seulement chaque objet possède un nom, mais l'homme manipule de la même manière l'objet et le langage. Il est impossible de définir une culture sans langage ni objets. Il n'est que d'imaginer la difficulté d'apprendre à quelqu'un comment fabriquer une hache de pierre sans pouvoir parler. Il faudrait au moins pouvoir exprimer quelque chose qui signifie à peu près : « Non, pas dans ce sens-là, dans l'autre sens. »

S'il est nécessaire d'insister sur la relation entre langage et objet, c'est que les anthropologues se sont longtemps interrogés sur la naissance du langage. On pense qu'il est apparu il y a longtemps, mais on ne possède aucune date précise. Je pense personnellement que, le langage étant lié à l'utilisation des objets, la communication verbale a dû apparaître au même moment que la fabrication des outils, il y a cinq cent mille ou deux millions d'années.

La relation étroite entre le langage et l'objet possède des parallèles dans les liens entre les SCP. Par exemple, l'association et la défense sont fonction l'une de l'autre (on forme des « associations de défense »), de même que le travail et le jeu, la bisexualité et la

connaissance, l'espace et le temps. De tous ces
exemples, seule peut paraître obscure la relation entre
la bisexualité et la connaissance, du moins pour un
membre de notre société. Les autres cultures font
immédiatement le lien entre les deux. Dans notre
culture, si la séparation entre les deux sexes est
devenue confuse, il est toujours vrai, même aux États-
Unis, que ce que l'on apprend est pour une grande
part fonction du sexe. Dans le cas contraire, la différence culturelle entre les deux sexes serait minime.

En résumé, il faut se rappeler que la culture n'est
pas une chose, mais un ensemble d'activités complexes liées entre elles de manières différentes, et dont
il faut chercher les racines à une époque où n'existaient ni homme ni culture. Le développement du
langage et de la technologie, qui sont en liaison entre
eux, a rendu possible la mise en mémoire des connaissances, procurant à l'homme un levier pour soulever
le couvercle des secrets de la nature. C'était là la
condition nécessaire à cette explosion créatrice qui
représente pour nous la culture dans son sens le plus
élevé. Le langage, dans sa forme élaborée, et la technologie se retrouvent intimement unis dans l'homme
d'aujourd'hui, bien qu'on n'en comprenne que vaguement les causes. Tout ceci n'était possible que pour
des systèmes infraculturels très évolués, élaborés par
des organismes inférieurs. Lorsque l'homme apparut,
une grande partie de l'évolution indispensable à la
culture en était déjà au stade des schémas, si spécifique de la race humaine.

Chaque SCP est bien sûr si riche et si complexe
qu'on pourrait passer sa vie entière sur chacun d'eux.
S'il est gênant d'analyser aussi sommairement des
domaines aussi étendus et complexes, les laisser de
côté n'aurait pas permis au lecteur de saisir les
origines de la culture dans toutes leurs richesses.
Enfin, on peut dire que si la culture a une signification

historique vaste et profonde, elle possède également d'autres dimensions d'importance égale. La culture déborde d'émotion et d'intelligence. Des nombreuses activités qu'entreprend l'homme, la plupart ne font jamais l'objet d'une expérience car elles s'accomplissent hors du champ de conscience. Mais une grande part des actions humaines est, ou bien le résultat de la pensée consciente, ou bien baignée par l'émotion et le sentiment. Comment le comportement — et la culture — peuvent être analysés selon le degré de conscience ou d'émotion qui s'y rattache, c'est là le sujet des chapitres suivants.

4

La grande triade

L'analyse approfondie du rôle de l'inconscient est l'une des œuvres les plus dramatiques et révolutionnaires de Freud. Ceux qui connaissent bien ses ouvrages se rappelleront combien de temps il a passé à convaincre les gens que faire la moue, ou laisser tomber son stylo, révèle, tout autant que les rêves, des forces cachées sur lesquelles l'homme n'exerce aucun contrôle conscient. Cette révélation de l'univers du subconscient a abouti à d'autres analyses psychologiques qui ont donné au comportement humain une nouvelle dimension. L'homme ne serait plus jamais considéré comme un être entièrement rationnel et dominé par la logique, une machine dotée d'ingénieux outils et dirigée par les grands centres du cerveau. La nature humaine devient moins facilement contrôlable mais beaucoup plus intéressante lorsqu'on la considère comme le champ de bataille de conflits et d'émotions divers et pour la plupart cachés. Après Freud, on prit l'habitude de définir l'homme comme un être qui existe simultanément sur des plans différents.

Freud a également insisté sur le sens des actes, plutôt que des paroles, dans le processus de signification. Il relégua les mots au second plan ; sa pensée était pour une grande part basée sur le fait que les mots cachent plus de choses qu'ils n'en révèlent. Il s'appuyait plus, dans un contexte élargi, sur la communication, les symboles oniriques et le sens de ces petits événements qui passent inaperçus et ne tombent pas sous le coup de la censure intérieure de l'homme. Malgré l'importance de ses découvertes, il manquait à Freud une théorie de la communication. Aujourd'hui, alors que sa doctrine est depuis longtemps acceptée, il manque à la psychanalyse un moyen de définir les événements qui sont liés à la communication entre soignant et soigné.

Si la conception freudienne de l'inconscient était réellement révolutionnaire, elle a longtemps bloqué les recherches en ce domaine, en affirmant que l'inconscient est inaccessible par l'analyse directe. Parmi ceux qui n'étaient pas d'accord avec les schémas freudiens, se trouvait Harry Stack Sullivan, psychologue à Washington. Sullivan définissait l'inconscient comme l'ensemble des facettes dissociées de la personnalité se trouvant hors du contrôle conscient. Ses formulations furent très utiles aux sociologues, car elles ouvraient la voie à d'autres recherches. Sullivan pensait que l'homme possède un moi idéal avec lequel il s'accorde, bien que ce moi ne se réalise pas dans la vie quotidienne. Son moi quotidien, réel et agissant, est un ensemble de schémas du comportement que Sullivan appelle dynamismes. Ces dynamismes sont le moyen par lequel l'homme s'intègre à ses semblables. L'individu est conscient de certains d'entre eux, tandis que les autres sont dissociés, donc cachés à l'individu en même temps que visibles du monde extérieur.

Cette notion des différentes parties de la personnalité qui existent hors de la conscience de l'individu, mais visibles par autrui, peut paraître inquiétante. Pourtant, ce point est d'une importance cruciale et le deviendra plus encore à mesure que les hommes en saisiront les implications. Ce que dit Sullivan, en effet, c'est que l'inconscient n'apparaît tel quel qu'à l'individu qui se cache à lui-même ces aspects de sa personnalité que des êtres de son enfance ont un jour désapprouvés. S'ils sont dissociés, ou cachés, pour l'individu en question, ils sont visibles pour un observateur entraîné et peuvent donc faire l'objet d'une analyse.

La contribution de Sullivan est inestimable ; elle a dissipé une bonne partie des malentendus de la psychanalyse, tout en ouvrant à la recherche des processus interpersonnels, des horizons plus vastes.

Sullivan, comme Freud, a toujours insisté sur les travaux des anthropologues — Freud, indirectement, pour appuyer ses théories ; Sullivan, plus directement, par ses travaux avec Edward Sapir, spécialiste reconnu de la linguistique descriptive moderne dont il a posé les bases. Alors que les psychologues cherchaient dans l'anthropologie le moyen d'en savoir plus sur l'homme en tant qu'être social, les anthropologues se servirent des théories psychanalytiques pour tenter de formuler clairement leurs théories de la culture, dont l'une des plus significatives affirme que la culture existe à deux niveaux : la culture patente, visible et facilement analysable, et la culture latente, qui n'est pas visible et pose des problèmes à l'observateur le mieux entraîné. La comparaison avec l'iceberg était fréquemment citée lors de l'enseignement ou lors de la vulgarisation de cette théorie. Mais on s'aperçut bientôt qu'elle ne rendait pas compte de manière adéquate de l'ensemble de la culture ; des anthropologues comme Kluckhohn parlèrent alors de culture explicite et implicite. La culture explicite (par exemple les lois) est celle dont l'homme peut parler de manière spécifique. La culture implicite (par exemple la réaction vis-à-vis du succès) est ce que l'homme considère comme inné, ou ce qui se développe en marge de la conscience.

On a beaucoup écrit à propos des principes implicites des diverses cultures et de la nôtre en particulier. Cette approche est valable et a permis d'approfondir

les observations. Mais le niveau d'abstraction impliqué
dans ce concept de culture explicite et implicite est si
élevé qu'il est difficile de travailler sur cette base.
L'une des convictions implicites de l'Américain est
que tout travail mérite récompense ; mais si cette
découverte nous renseigne sur le comportement des
Américains, il est difficile de l'associer à d'autres
constatations pour aboutir à une généralisation plus
large de la vie en Amérique. Comme tant d'autres
abstractions ayant trait à la culture, celle-ci nous fait
nous demander : « Où cela nous mène-t-il ? » Malgré le
degré d'abstraction qu'elle implique, cette théorie
d'une culture dont certains aspects sont analysables et
d'autres pas demeure valable et nous donne un autre
exemple pour illustrer celle qui place le comportement
sur deux niveaux différents.

Freud faisait une distinction entre le conscient et
l'inconscient ; Sullivan entre deux niveaux : dans la
conscience et hors conscience ; des anthropologues
comme Ralph Linton parlaient de culture latente et
patente ; d'autres se servaient des termes implicite et
explicite pour analyser les principes qui conditionnent
le comportement et les schémas qui le contrôlent.
Cette analyse bipolaire s'étendit bientôt à d'autres
domaines, tels que les sciences politiques et la gestion.
Ces deux disciplines adoptent les termes formel et
informel dans leur description des schémas du comportement, des méthodes de gestion et de la structure des organisations. L'usage de ces termes bipo-
laires permit d'opérer des distinctions importantes qui
n'avaient jamais été faites. De plus, elles s'accordaient
à la manière américaine de considérer les choses en
tant qu'opposés — blanc et noir, bien et mal. La
facilité des Américains à polariser leur pensée peut
leur rendre difficile la compréhension d'une approche
qui met en jeu trois catégories au lieu de deux. C'est
pourtant ce que je voudrais proposer ici : une théorie

qui suggère que la culture s'établit sur trois niveaux, formel, informel et technique ; ces termes nous sont familiers, mais je les emploierai dans un sens nouveau et plus large.

Trager et moi avons abouti à cette théorie tripartite en observant longuement et en détail la manière dont les Américains parlent et se servent du temps. Nous avons découvert qu'il existe trois sortes de temps : le temps formel, connu, reconnu et expérimenté par chacun dans la vie quotidienne ; le temps informel, lié à des références situationnelles et imprécises du genre « dans un moment », « plus tard », « dans une minute », etc. ; et le temps technique, système totalement différent utilisé par les scientifiques et les techniciens, et dont la terminologie déroute le profane. Ayant analysé l'acquisition et l'utilisation de ces systèmes-temps, et connaissant leur histoire, nous nous sommes aperçus que, dans d'autres domaines, l'homme concevait également ses activités en tant que formelles, informelles et techniques. En d'autres termes, nous avons découvert que l'homme n'avait pas deux, mais trois modes de comportement. Nos généralisations à propos du temps purent être appliquées à d'autres domaines que ceux auxquels nous pensions.

La pratique du ski offre un exemple excellent de ces trois modes, le formel, l'informel et le technique. Il y a quelques années, à Grand Lake dans le Colorado, sur le versant enneigé des Rockies, on se déplaçait traditionnellement à ski pendant l'hiver. Les instituteurs mutés à Grand Lake devaient apprendre à skier ; le directeur de l'école, et même la fanfare, étaient à ski. Dès qu'ils savaient marcher, les enfants apprenaient à skier. En les regardant se déplacer, on avait vraiment l'impression que le ski était une extension du pied, un organe de locomotion très bien adapté. Chacun avait une manière particulière de skier, tout comme chacun a une démarche différente. Quand des compétitions avaient lieu, certains villageois s'en sortaient très bien, tandis que d'autres ne participaient pas du tout aux courses. Le plus important, c'était que chacun pratique le ski. Personne ne remettait ce fait en cause. Le ski était partie intégrante de la vie dans la ville ; c'était, pour utiliser un terme que nous rencontrerons encore, une tradition *formelle*.

A la même époque, aux environs de Denver, une bande de sportifs intrépides pratiquaient le ski par plaisir, aux heures de loisir. Rien ne les obligeait à faire du ski. Ils aimaient simplement le grand air. Certains étaient très doués, d'autres plus maladroits. Ils pratiquaient ce sport parce qu'ils aimaient s'amuser, se dépenser, admirer les montagnes et expérimenter l'esprit d'équipe. Ils ne savaient pas très bien comment ils skiaient, quelle technique ils utilisaient ni comment on pouvait apprendre à skier convenablement. Ils disaient « Regardez-moi » ou « Faites comme ça » ; cela n'allait pas beaucoup plus loin. Je n'oublierai jamais le jour où un de mes amis, ayant regardé de loin cette migration hebdomadaire vers les montagnes, décida finalement d'essayer lui aussi. C'était un excellent athlète qui avait remporté une fois le championnat des Gants d'Or ; il ne manquait ni de coordination ni de contrôle. Mais lorsqu'il enfila ses skis, le résultat fut à la fois comique et désastreux. Sitôt qu'il essayait d'avancer, il perdait l'équilibre. Encombré par ses skis, il arrivait à peine à se relever. Le nouveau venu était submergé par toutes sortes de problèmes nécessitant une analyse technique poussée pour être rapidement résolus. Malheureusement, tout ce que savaient dire ces skieurs du dimanche, c'était : « Vous pliez les genoux et vous partez. Vous verrez bien comment il faut s'y prendre. » Leur conception du ski était *informelle*, ce que traduit mieux que toute autre l'expression « comment il faut s'y prendre ».

Tandis que les citadins du versant ouest apprenaient

à skier à leurs enfants et que les skieurs « informels »
de Denver accomplissaient leur pèlerinage hebdomadaire vers les montagnes, dans les Alpes on filmait par
pellicules entières des skieurs professionnels dévalant
des pentes, tournant, grimpant et s'arrêtant pile à
l'arrivée. On analysa ces films et le processus fut
décomposé en ses unités ou composantes, comme on
voudra. On analysa également des schémas plus généraux. Après réflexion, on décida que le ski n'était pas
un art réservé aux plus fortunés. Toute personne
faisant preuve de patience et d'un minimum de contrôle pouvait apprendre à skier, pourvu que les composantes soient suffisamment définies pour qu'on pût en
parler et les décrire de manière *technique.* Bien plus,
l'adresse acquise par tous ces skieurs de formation
technique était si étonnante qu'elle laissait présager
une future popularisation de ce sport. En général, les
gens aiment réussir ce qu'ils entreprennent et, grâce
aux nouvelles méthodes de formation, quelques heures
d'apprentissage étaient suffisantes pour que le nouveau venu, suffisamment entraîné et sûr de soi, puisse
s'amuser sans risquer de se tuer.

A la lumière des hypothèses que nous avons formulées, selon lesquelles tout comportement à l'intérieur
d'une culture a des bases biologiques, on pourrait
croire que les aspects formels, informels et techniques de la vie ont également leur origine dans l'organisme physiologique de l'homme. Malheureusement, la
chaîne de connexions subtiles qui relie le système
nerveux physiologique au comportement humain reste
encore très mystérieuse. Tout ce que nous pouvons
dire, c'est qu'il est probable que ces trois types de
comportement viennent de différentes zones du système nerveux. Cette hypothèse s'appuie sur une caractéristique du comportement dont chacun a fait l'expérience : il est extrêmement difficile de pratiquer plus
d'un élément à la fois dans ce groupe formel, informel

et technique, sans aboutir à des résultats catastrophiques. Une femme qui tape à la machine de manière informelle sait bien que si elle se met à penser en détail et de manière technique à ce qu'elle fait, et à la place exacte des lettres, elle se trompera et fera des fautes. Les débutants qui apprennent la sténo doivent « l'avoir dans les doigts », faute de quoi ils n'acquerront aucune rapidité. Un neuropsychiatre de mes amis disait qu'il suffit d'attirer l'attention sur un niveau unique d'activité pour faire cesser toute pensée cohérente chez une personne en interaction avec une autre. Il donnait l'exemple de cette mère qui se met en colère contre son fils et lui fait la leçon. L'enfant lève les yeux et dit doucement : « Ben dis donc, maman, ta bouche a une drôle de forme quand tu es en colère. » La mère peut en devenir muette.

Il y a une autre règle générale qu'il ne faut pas oublier lorsqu'on parle d'activités formelles, informelles ou techniques ; c'est que si l'une domine, toutes les trois sont présentes dans n'importe quelle situation. Retournons au ski pour constater que même ceux qui le pratiquent de manière formelle devront avoir quelques notions d'ordre technique, faute de quoi il leur sera difficile de parler en détail de ce sport. Chacun a son propre style (informel), mais l'informel a pour base le formel. Si l'on compare les trois groupes de skieurs, on s'aperçoit que les skieurs formels des montagnes ou informels des plaines ont entre eux plus de points communs qu'ils n'en ont avec les skieurs européens techniques. Le technique, bien sûr, développe très vite ses propres schémas formels. La science, par exemple, que nous concevons comme l'essence même de la technique, s'est élaborée sur un grand nombre de systèmes formels que personne ne conteste. Ceux-ci sont liés à la méthodologie de la science, l'importance accordée à l'objectivité des membres de la communauté scientifique, leur conscience professionnelle et leur honnêteté envers leurs confrères. En fait, la plupart des domaines placés sous la direction de la science devraient être classés dans la catégorie des systèmes formels nouveaux qui déplacent ou altèrent très vite nos vieux systèmes formels centrés sur les croyances populaires et la religion.

On peut également classer dans cette catégorie la médecine telle qu'elle est pratiquée, par opposition à la recherche médicale. Ceci n'est pas une critique adressée aux médecins. S'ils ne développaient pas eux-mêmes les systèmes formels, leurs patients les y obligeraient. Les prétendues sciences sociales ou sciences du comportement sont truffées de rituels de procédure appris par des étudiants qui les transmettront plus tard à leurs propres élèves. On dit qu'un sociologue zélé a établi un index permettant de mesurer dans quelles proportions un article est « scientifique ». Il imaginera un système d'évaluation basé sur la proportion du texte par rapport aux notes et à la quantité de statistiques en relation au texte !

La connaissance formelle

Les méthodes d'enseignement des activités formelles sont l'injonction et la remontrance. L'adulte dominateur modèle l'enfant à l'aide de schémas qu'il n'a jamais contestés. Il corrigera l'enfant en disant : « Ne fais pas ça » ou « C'est défendu » ; en usant d'une intonation de voix qui signifie clairement que ce que fait l'enfant est invraisemblable. Celui qui parle ne se demande pas où il en est, ni où en sont les autres adultes. En corrigeant le langage de leurs enfants, les parents diront : « On ne dit pas j'ai allé, on dit je suis allé ! » La communication est alourdie du fait qu'au-

cune autre forme ne saurait être acceptée. Les schémas
formels s'apprennent le plus souvent lorsqu'une faute
commise se voit corrigée par quelqu'un. La connaissance technique commence aussi par des fautes et des
corrections, mais le ton de la voix est différent et on
donne à l'élève l'explication de ses fautes. L'erreur
fréquente des parents et des professeurs de nos jours
est de tenter d'expliquer le comportement formel
comme on explique les raisons du comportement
technique. Ceci est une preuve pour l'enfant qu'il
existe une alternative, qu'une forme peut être aussi
valable qu'une autre. C'est une erreur : les détails de
la connaissance formelle sont de nature *bipolaire :* oui-
non, bien-mal. Vous enfreignez les tabous ou pas,
vous volez la noix de coco du voisin ou pas, vous dites
ou ne dites pas «chevals» pour «chevaux». Une
infinité de petits détails s'additionnent pour aboutir à
un système formel que personne ne remet en question.

La connaissance informelle

La connaissance informelle a un caractère tout
autre. L'agent principal est un *modèle* utilisé en vue
d'une imitation. On apprend en une seule fois tout un
ensemble d'activités liées entre elles, souvent sans
savoir qu'on apprend quelque chose ou que ce quelque
chose est gouverné par des schémas ou des règles. Un
enfant peut être embarrassé et questionner sa mère
quant aux règles. «Tu le sauras plus tard, mon chéri»
«Regarde autour de toi et vois ce que font les gens.
Ouvre les yeux !» On peut être sûr que l'activité est
informelle lorsqu'on entend ceci : «Maman, comment
font les femmes pour se faire épouser ?» «Eh bien,
c'est difficile à expliquer ; mais tu le sauras quand tu

seras grand. » « Tu as tout le temps pour apprendre. »
L'enfant est si souvent traité de cette manière qu'il
traduit automatiquement par : « Ne pose pas de
questions. Regarde ce que font les gens autour de
toi. » Aux USA, il est un domaine concerné au premier
chef par ce type de connaissance : c'est le sexe. La
plupart des connaissances qui s'y rapportent sont
informelles. Ceci pourrait expliquer la fascination
morbide qu'il exerce sur les gens. Alfred Kinsey tenta
de systématiser ces connaissances transmissibles concernant le comportement sexuel; il s'entendit alors
demander souvent : « Qu'est-ce que vous en savez ?
Vous étiez là ? »

On sait que Hollywood engage beaucoup d'experts
en tous genres chargés d'apprendre aux gens de
manière technique ce que la plupart d'entre nous
apprennent de manière informelle. On peut citer le cas
de cet enfant dont les parents étaient acteurs et qui vit
un jour un jeune garçon grimpant à un arbre. Il voulut
immédiatement connaître le nom de son professeur de
« grimpage aux arbres ».

Des systèmes de comportement composés de milliers de détails sont transmis dans leur totalité de
génération en génération sans que personne puisse
énoncer les lois qui régissent un événement. Ce n'est
que lorsque les règles disparaissent que nous prenons
conscience de leur existence. Tel écrivain, par exemple, avait l'habitude de demander à son public quelles
règles régissaient le choix des *prénoms* aux USA. Les
gens pouvaient en citer quelques-unes, en termes
vagues, et se mettaient aussitôt à bafouiller. A la fin,
ils faisaient remarquer : « Vous savez, c'est plutôt
difficile de s'y retrouver quand on regarde les choses
de cette manière. »

Beaucoup de gens reconnaissent inconsciemment la
validité des modèles utilisés dans la transmission des
connaissances informelles. Généralement, les femmes

américaines en sont plus conscientes que les hommes, bien qu'elles aient tendance à ne pas remarquer la fonction véritable de cette initiation : un moyen d'apprendre, un moyen de devenir quelqu'un dans la société. Nous avons tous vu des petits garçons imitant la démarche de leur père, du héros de feuilleton à la télévision ou, au pire, de cet individu déplaisant qui a pris racine au coin du drugstore. Le plus souvent, la mère désapprouve la sélection de modèles de son fils, bien qu'elle n'en connaisse pas toujours bien les raisons. Si ses reproches sont exagérés, elle peut arriver à gâcher les aptitudes de ses enfants à l'apprentissage informel en s'immisçant dans leurs tentatives d'imitations.

La connaissance technique

La connaissance technique, dans sa forme pure, est presque une voie à sens unique. Elle se transmet habituellement en termes explicites du professeur à l'élève, oralement ou par écrit. Elle est souvent précédée d'une analyse logique et s'exprime en une forme générale cohérente. Un des meilleurs exemples d'apprentissage technique se trouve dans les services armés, où les techniques ont été mises au point pour manipuler un grand nombre de recrues. Ce succès confirme le fait que l'apprentissage technique est un corollaire inévitable de la formation de groupes conséquents. Contrairement à l'apprentissage informel, il dépend moins de l'aptitude de l'élève ou de la sélection de modèles adéquats, et plus de l'intelligence avec laquelle est analysé et présenté le sujet.

Durant la Seconde Guerre mondiale, où l'armée avait besoin d'un grand nombre de techniciens, on pensait que ceux qui étaient doués pour la mécanique feraient de bons mécaniciens en aéronautique. Une analyse approfondie prouva le contraire. Il s'avéra qu'un bon fonctionnaire dans la vie civile ferait un meilleur technicien dans l'armée qu'un homme qui avait assemblé toute sa vie des pièces de moteur et s'était fait la main sur une Ford T. Le point critique n'était pas dans l'aptitude à la mécanique, mais dans la capacité de l'élève à suivre les instructions. L'armée élaborait alors des manuels d'instruction si méticuleux que la meilleure recrue se trouvait être une personne quelque peu obsédée sachant lire et suivre des instructions. Ce qu'on ne souhaitait surtout pas, c'était quelqu'un qui ait ses idées personnelles sur la manière de fixer les équipements.

En résumé, le processus formel est de nature bipolaire. L'élève essaie, se trompe et est corrigé. («Non, pas du côté droit, du côté gauche ! Rappelez-vous : ne jamais s'approcher d'un cheval par la droite !») L'apprentissage formel contient une forte dose d'émotions. L'apprentissage informel se fait en grande partie par le choix et l'imitation de modèles, quelquefois volontairement, le plus souvent inconsciemment. Dans la plupart des cas, le modèle ne participe pas à ce processus, sauf en tant qu'objet d'imitation. L'apprentissage technique se fait dans la direction opposée. La connaissance est du côté du professeur. Son savoir-faire est fonction de ses connaissances et de ses facultés d'analyse. Si son analyse est suffisamment claire et minutieuse, il n'a même pas besoin d'être présent. Il peut la transmettre par écrit ou l'enregistrer. Dans la vie quotidienne, on trouve un peu des trois schémas dans toute situation. Toutefois, l'un de ces trois types dominera toujours les autres.

La conscience formelle

Comparée aux autres sociétés, celle des États-Unis n'accorde pas tellement d'importance à la tradition. Même les plus fortes n'engendrent pas cette union de forces si fréquente dans d'autres cultures. Par exemple, les Zuñis du Nouveau-Mexique ont une culture à prédominance formelle qui exerce une lourde contrainte sur ses membres. Les gens ne peuvent pas même ignorer les pressions sociales et restent dans le pueblo. S'ils veulent s'en aller et vivre avec des étrangers pour le restant de leur vie, ils peuvent se révolter ouvertement contre la tradition ; sinon ils doivent s'y conformer. Nous autres Américains avons mis l'accent sur l'informel au détriment du formel. Il y a toutefois des régions, comme la Nouvelle-Angleterre ou certaines parties du Sud, où les traditions jouent un rôle vital dans la vie de l'homme. Ce style de vie dominé par la conscience formelle a été joliment décrit dans des nouvelles telles que celles de J. P. Marquand : *The Late George Apley* (Feu George Apley). La conscience formelle est une approche de de la vie qui demande, surprise : « Y a-t-il un autre moyen ? » Les sociétés à conscience formelle sont plus susceptibles d'être influencées par le passé que par le présent ou le futur. La conscience formelle est la conscience de ce qu'Apley appellerait « ce qui est bien, ce qui devrait être ».

La conscience informelle

Le terme de conscience informelle est contradic-
toire, car il décrit une situation où presque tout se
passe *hors conscience.* Rien n'est toutefois caché,
dans le sens que l'on donne à ce mot. En fait, on peut
se demander si aucune partie de la culture est réellement cachée, une fois que l'on sait comment y
déceler les faits significatifs.

L'absence de connaissance dans l'activité informelle
conduit à un grand développement des schémas. Si
l'on y réfléchit, il est vrai que la conscience des
processus de la marche ou de la conduite automobile
peut être un obstacle à leur accomplissement; de
même, la clarté d'un message se ressent de la trop
grande conscience qu'a son auteur des processus du
discours ou de l'écriture. L'informel est donc l'ensemble des activités que nous avons apprises un jour,
mais qui sont intégrées dans notre vie quotidienne au
point de devenir automatiques. En fait, elles sont
souvent bloquées par l'entrée en jeu d'activités céré-
brales.

On sait tout cela depuis longtemps et pourtant,
personne n'a compris à quel point des activités informelles font partie de notre vie, ni comment le caractère inconscient de ces activités mène aux plus grandes
différences interculturelles. L'intonation de voix des
aristocrates anglais, qui semble si affectée aux Américains, est un exemple de ce genre d'activités, qui, si
elles sont mal comprises, peuvent former une barrière
infranchissable entre deux individus de cultures différentes.

Il ne faut pas confondre ces activités avec les
névroses, au cours desquelles certains aspects de la

personnalité sont également hors conscience. La littérature psychologique fourmille de références à des comportements dissociés, inconscients, etc., mais ceux-ci sont des déviations par rapport à la norme et il ne faut pas les confondre avec l'informel.

La conscience technique

Tout comportement technique, comprenant une part de formel et d'informel, est caractérisé par le fait qu'il est pleinement conscient. Son caractère explicite, le fait qu'il puisse être enregistré, écrit ou même enseigné à distance, le différencie des deux autres types d'intégration. Le fait qu'il se situe au plus haut niveau de conscience, c'est là l'essence même du technique.

L'affect formel

L'affect est le terme technique qu'utilisent les psychologues pour désigner la sensation distincte de la pensée. Le lecteur profane pourra lui préférer les termes «émotion» ou «sensation». Toute violation des normes formelles engendre une vague d'émotion. On peut se faire une idée de l'attitude des gens vis-à-vis des schémas formels en imaginant un individu dont la vie a toujours été soutenue par des principes solides. Ôtez les principes et les fondations de la vie s'écroulent. Dans presque toutes les circonstances, le formel est lié aux émotions profondes.

Le succès de l'avocat Clarence Darrow [1] est dû pour une grande part au fait qu'il était passé maître dans l'art d'invoquer des systèmes formels auprès de juges hésitants. Darrow a été et demeure sujet à controverses. La plupart des gens l'ont considéré comme un charlatan capable de faire acquitter des voleurs ou des criminels qui auraient dû être condamnés. Son image demeure très populaire, mais ceux qui ont écrit des ouvrages sur son cas tendent à le considérer d'une manière nouvelle. Ils aiment à louer son caractère humanitaire plutôt que sa parfaite maîtrise des lois. Car la loi est technique, froide, et censément aveugle à l'émotion — péché cardinal à notre époque. Darrow portait un vieux costume mal coupé. Il attirait l'homme de la rue : chacun pouvait s'identifier à lui. Il était du même type qu'eux : le rustre sorti de sa campagne qui donne une bonne leçon au citadin habile. Il est maintenant évident qu'à une connaissance sans faille de la loi il ajoutait une connaissance non moins parfaite de sa culture. Il se rendait compte que la plupart des gens ne comprenaient pas la loi mais soutenaient la cause de leurs propres systèmes formels et allaient jusqu'à se lamenter si l'on faisait fi de ces schémas. C'est ce qui faisait la force de Darrow et la seule fois où il échoua fut lors de l'affaire Massie pour laquelle il se rendit à Honolulu en 1932. Il dut affronter un jury dont les membres avaient un système formel différent. Les jurés chinois demeuraient insensibles à ses arguments relevant de la culture.

Tôt ou tard, à mesure que les systèmes formels

1. Clarence Seward Darrow (1857-1938) célèbre avocat américain, établi à Chicago, intervint dans bon nombre d'affaires qui eurent un important retentissement et apparut comme l'un des plus grands avocats de causes criminelles aux États-Unis. Il fut également le conseil des organisations syndicales. Sa popularité a été accrue par les ouvrages qu'il écrivit parmi lesquels : *Le Crime, ses causes, son traitement* et *Œil pour œil, la maladie du châtiment*. (N.d.T.)

s'imposent, ils sont si étroitement liés au processus de
la nature même que tout autre type de comportement
est considéré comme antinaturel, sinon impossible.
Cette intransigeance a pourtant des avantages. Ceux
qui naissent et meurent dans une culture formelle font
preuve d'indulgence vis-à-vis du reste d'entre nous,
parce que le comportement a des limites très clairement définies, même en ce qui concerne les marges
permises. Personne n'a jamais douté qu'en faisant ce
à quoi tout le monde s'attend, on sait ce qu'on doit
attendre des autres. On connaît la différence entre le
catholicisme en Amérique latine, où tant de gens le
pratiquent que la religion n'est plus un argument, et
en Amérique, où nous traitons la religion de manière
beaucoup plus technique. Ceux qui sont familiers de
cette différence ont ici un excellent exemple des
réactions que peuvent avoir deux peuples vis-à-vis
d'une même institution selon qu'ils l'expérimentent de
manière formelle ou technique.

L'affect informel

Il a peu ou pas d'affect lié au comportement
informel, tant que le déroulement des événements
reste en accord avec des règles non écrites ou implicites. Mais l'anxiété apparaît rapidement lorsque ces
lois tacites sont enfreintes. Il peut découler un désa-
grément extrême de l'attitude d'une personne qui se
tient trop près d'une autre ou appelle par son prénom
quelqu'un qu'elle connaît mal. La suite dépend des
alternatives qu'offre la culture à cette anxiété. L'Américain se contracte et devient gêné. Le Japonais ricane
ou rit nerveusement. Les réactions possibles sont
comparativement réduites et automatiques. Dans l'in-

formel, le choix de la réaction émotionnelle est beaucoup plus étendu qu'on ne pourrait le croire. Le fait est que les émotions associées à une déviation par rapport aux normes formelles sont elles-mêmes acquises de manière informelle ; elles sont limitées par le fait que les gens ne saisissent pas le caractère acquis de leurs réactions et ne s'imaginent pas pouvoir réagir de manière différente. On trouve dans le langage un exemple similaire : en anglais, le fait de poser une question s'accompagne d'une montée de l'inflexion. On n'imagine même pas qu'il puisse exister d'autres inflexions ayant la même fonction. Il semble donc « naturel » que le répertoire vocal soit limité.

L'affect technique

La technique se caractérise par la suppression des émotions qui entravent un comportement opérationnel. L'une des grandes différences entre le boxeur amateur et le vrai professionnel est que le premier peut se mettre réellement en colère, alors que le second, fier de son *self-control,* est capable de garder son sang-froid. L'attitude du savant vis-à-vis de ses recherches est si connue qu'il est inutile d'y revenir. En général, l'homme technique ne ressent d'émotions que lorsqu'il cesse de respecter les règles du jeu technique. Une fois les bases techniques abandonnées, il semble très difficile d'y rester fidèle.

De par son caractère explicite, le technique dans notre société est associé à la loi et à l'autorité ainsi qu'à des structures symbolisées par une attitude inflexible. Une mère agacée par son fils l'appellera parfois par son nom de famille pour lui demander de se justifier. L'enfant s'aperçoit immédiatement qu'il a franchi une frontière et Maman devient synonyme de tâche à accomplir, parce qu'elle s'exprime de manière technique. Le formel et le technique se confondent souvent. On fait appel au technique en dernier ressort.

Le problème du franchissement des normes est extrêmement complexe. Par exemple, les enfants ne savent jamais où est la limite tant qu'ils ne l'ont pas franchie. C'est la manière dont on les réprimande qui donnera leur cohésion à ces schémas durant les années à venir. L'enfant se rend compte qu'il a transgressé des normes formelles, informelles ou techniques, uniquement par l'expérience empirique. La définition des normes varie sensiblement d'une culture à l'autre. Dans les limites d'une culture telle que la nôtre, ce qui ressort du formel à un moment donné peut devenir plus tard informel ; ce qu'un groupe définit comme technique peut être défini par un autre comme informel. Pour revenir aux enfants, il est important qu'ils connaissent l'existence de normes et de limites qu'ils ne peuvent pas franchir malgré les marges permises. Ils doivent également savoir qu'il existe des normes relativement invariables sur lesquelles ils pourront s'appuyer leur vie durant. D'un point de vue théorique, la relation entre formel, informel et technique prend une grande importance.

Les attitudes formelles
vis-à-vis du changement

Les systèmes formels sont caractérisés par une grande cohésion, ce qui correspond à un besoin profond de tout individu et de toute société. La vie même serait impossible sans cette cohésion vitale. A l'origine, à l'époque des premiers vertébrés, l'instinct ou les schémas innés du comportement remplaçaient cette cohésion. Puis vint la connaissance, mécanisme d'adaptation secondaire, et le rôle de l'instinct s'amenuisa jusqu'à devenir une composante négligeable de la nature humaine. C'est la culture formelle qui accomplit ce travail analogue à l'instinct. Chacun peut en dépendre comme si elle était instinctive. C'est la base sur laquelle se développe le reste de la culture.

Hormis des circonstances exceptionnelles, le formel évolue lentement, presque imperceptiblement. Il résiste très fortement aux changements imposés de l'extérieur — la plupart de nos techniciens envoyés à l'étranger le savent bien. Le formel étant rarement reconnaissable en tant que tel, l'Américain qui vit à l'étranger a l'impression que les systèmes formels des autochtones sont inutiles, immoraux ou périmés ; ou bien il les considère comme les vestiges de valeurs anciennes que l'Américain a depuis longtemps abandonnées. Afif Tannous, sociologue libano-américain, cite le cas de ces villageois arabes qui refusaient de laisser des étrangers assainir un plan d'eau gagné par la typhoïde et installer une pompe. Le lecteur peut se demander en quoi le fait d'avoir un plan d'eau propre pouvait être contraire aux normes formelles des villageois. Aussi étrange que cela paraisse, les villageois arabes aiment l'eau qu'ils boivent. Elle a un goût très fort qui lui vient des chameaux. Pour eux, l'eau est presque sacrée. Si les hommes d'un village donné sont forts, féconds et intelligents, c'est grâce à l'eau qu'ils boivent. Dans certaines régions du monde arabe, boire de l'eau propre est signe d'un manque de courage. Les villageois ne faisaient pas le lien entre la maladie et l'eau qui les rendait forts. Les enfants mouraient parce que Dieu l'avait voulu ; et qui oserait s'élever contre la volonté de Dieu ? Cette anecdote souligne la nécessité de comprendre et d'accepter d'abord les systèmes formels des autres peuples si l'on veut travailler avec eux.

L'ouvrage excellent d'Alexander Leighton, *The Governing of Men,* nous montre comment l'ignorance des systèmes hiérarchiques retarda le plan d'action national avec les prisonniers japonais durant la guerre. Une fois cette erreur corrigée, les mêmes systèmes furent utilisés avec succès. L'erreur des Américains avait été de sélectionner des contremaîtres en bâtiment selon leurs qualifications. Erreur naturelle, étant donné l'importance que nous attachons à la compétence technique. Les Japonais, qui avaient patiemment supporté les outrages, la perte de leurs biens et l'emprisonnement, se mirent en grève lorsque ceci arriva. Ils étaient outragés parce que les Américains avaient fait fi de la hiérarchie sociale si importante dans la société japonaise. La solution consistait à permettre aux prisonniers de choisir leurs propres chefs parmi ceux qui avaient le rang social requis. Il importait peu que ces honorables vieillards ne sachent pas l'anglais et ne comprennent rien à la construction. Ils s'adjoignirent vite de jeunes ingénieurs en tant que conseillers.

Je dois beaucoup à John Evans, qui fut superintendant chez les Indiens Pueblos et passa sa jeunesse chez les Taos, pour l'exemple merveilleux qu'il me donna des schémas formels. Les Taos sont un peuple très indépendant qui préserve soigneusement sa culture à l'égard des Blancs. Savoir dire « merci » en tao est un secret. Cela pose beaucoup de problèmes aux représentants du gouvernement qui doivent travailler avec eux. Selon Evans, il avait été très difficile de trouver un spécialiste de l'agriculture extensive qui voulût bien travailler avec eux. On choisit finalement un jeune homme qui aimait beaucoup les Taos et savait les approcher avec tact. Tout se passa très bien, et il semblait vraiment être l'homme qui convenait pour cette tâche délicate. Mais lorsque le printemps

arriva, Evans reçut à Albuquerque la visite de l'agronome, qui faisait triste mine. Il lui demanda : «Que se
passe-t-il ? Vous avez l'air déprimé.» Le visiteur
répondit : «Eh oui, je suis déprimé. Je ne sais pas ce
qui se passe. Les Indiens ne m'aiment plus. Ils
n'écoutent plus rien de ce que je leur dis.» Evans
promit d'essayer de trouver ce qui n'allait pas. A
l'occasion d'une réunion du conseil des Taos, il prit à
part un vieil Indien et lui demanda ce qui s'était passé
entre la tribu et le jeune homme. Son ami le regarda
dans les yeux et dit : «John, il y a des choses qu'il ne
sait pas. John, quand j'y *pense...* »

Soudain, Evans comprit. Quand vient le printemps,
les Taos croient que la terre est enceinte. Pour en
protéger la surface, ils ne vont plus en ville avec leurs
carrioles, ils retirent leurs fers aux chevaux et refusent
eux-mêmes de porter des chaussures à semelle dure.
Notre agronome avait essayé d'instituer un programme
de labours au début du printemps !

Souvent, les conflits qui surgissent entre les systèmes formels de deux cultures différentes tournent au
tragique. La conquête espagnole du Nouveau Monde
permit aux émigrants d'annexer beaucoup de terres
parce que leurs systèmes formels étaient radicalement
différents de ceux des Indiens. Les Espagnols se
battaient pour tuer ; les Aztèques pour avoir des
prisonniers. Tout comme les Indiens des plaines dans
le Nord, les Aztèques avaient beaucoup de difficultés
à traiter avec l'ennemi lorsque celui-ci tuait en masse.
Parce que c'était un système formel, les Aztèques ne
purent le modifier à temps pour se sauver ou sauver
leur société. De même, pendant la Seconde Guerre
mondiale, certains prisonniers américains, incapables
de se soumettre aux règles de politesse japonaises, se
faisaient inutilement du souci. L'attitude formelle des
Japonais envers la vie est que les rapports entre les
hommes doivent être ordonnés et que cet ordre

s'exprime par ceux qui ont une position sociale et le montrent. On s'adresse à des supérieurs hiérarchiques avec certaines règles de politesse ; on montre son respect en se courbant très bas tout en gardant le dos droit. Les Américains, prisonniers des Japonais, considéraient qu'on offensait leur dignité en les contraignant à se courber. Les Japonnais y voyaient un manque de respect extrême et une menace pour les fondements même de la vie.

Du *formel* découle un schéma général dans les limites duquel l'individu agissant peut compléter les détails qui le concernent. S'il respecte les limites, la vie s'écoule sans heurt. Sinon, l'individu s'en ressent. Par exemple, si, de deux hommes qui ont un rendez-vous d'affaires en fin de matinée, l'un est en retard de cinq minutes, il n'y a pas de problème. Une simple excuse suffit généralement. Si le système formel de notre culture exige qu'on soit à l'heure, il laisse également certaines marges. On peut enfreindre la norme de deux manières : en dépassant les limites permises, et il devient alors évident que la règle implicite est bafouée ; ou bien en faisant fi des marges accordées, en devenant trop technique, en exigeant des excuses de celui qui arrive vingt secondes en retard.

Les attitudes informelles vis-à-vis du changement

Une mauvaise interprétation de l'informel peut engendrer de sérieuses difficultés ; elles peuvent s'aggraver encore si les individus impliqués dans une action n'ont pas clairement conscience de ce qui se passe. Ils savent seulement que par rapport à un ensemble de lois implicites, ils peuvent agir d'une certaine manière et attendre de l'autre qu'il réagisse en conséquence. Cette attente informelle est souvent faussée lorsqu'il y a conflit entre deux schémas à l'intérieur d'une même culture ou, ce qui est fréquent, entre deux cultures différentes.

On trouve un exemple de ce conflit interculturel irritant dans des événements qui eurent lieu il y a longtemps, dans l'Ouest des USA. Personne n'étant conscient de ce qui se passait, la situation tragi-comique qui en résulta se prolongea durant vingt ans. Les deux cultures concernées étaient celle des Américains et celle des Espagnols ; au cœur de cette longue crise, l'interprétation différente de la loi, du gouvernement et de la famille. Les Espagnols latino-américains ont porté l'institution de la famille à un degré de stabilité et d'influence que nous ne pouvons imaginer. Par contre, le gouvernement n'occupe pas dans leurs schémas la place qu'il prend dans les nôtres. Si un événement a lieu, si une chose est souhaitable, dans un pays latino-américain, la famille est capable, plus que le gouvernement, de prendre l'affaire en main. Cette tradition informelle est liée à une conception de la loi différente de la nôtre. En Amérique latine, la loi est imposée de manière technique (par le livre). Mais les relations familiales y jouent le rôle de médiateur. Chez nous, la loi et ses représentants ne sont pas considérés comme un fardeau et doivent être guidés par les schémas culturels formels. C'est-à-dire que la loi n'est jamais censée être plus rigoureuse que les autres aspects de la culture. Si elle l'est vraiment trop, alors il faut la changer. L'Américain risque plus de violer une loi qu'il trouve injuste ou absurde que celle qu'il considère comme judicieuse et réaliste.

Le point sur lequel se heurtaient les schémas culturels espagnols et américains, c'était l'application de la limitation de vitesse dans une ville de l'Ouest des

USA. Depuis des années, la ville — dont les habitants et le gouvernement étaient en grande partie espagnols — possédait un gendarme à vélomoteur nommé Sancho, d'ascendance culturelle espagnole. Il avait pour tâche de faire respecter la limitation de vitesse à 25 km/h dans la ville, sa banlieue et les deux routes nationales qui la traversaient. Il était si assidu que tous le connaissaient, aussi bien les citadins que les *Americanos* qui habitaient en banlieue. Prenant la loi au pied de la lettre, Sancho arrêtait quiconque roulait à 26 km/h — infraction punie par une amende de 12,75 dollars, somme considérable durant la crise économique des années trente.

Les Hispano-Américains appelés au tribunal avaient habituellement un oncle ou un cousin parmi les jurés ; généralement, ils étaient acquittés. Les *Americanos,* n'ayant pas cette chance, devenaient furieux. Finalement, un complot se trama contre Sancho. On le conduisit hors de la ville, où il fut jeté d'une voiture roulant à 100 km/h. Il s'était si bien cassé les jambes qu'il ne pouvait plus monter sur son vélomoteur. Lorsqu'il sortit de l'hôpital, il s'acheta une moto rapide et se remit au travail. Mais, pendant dix ou quinze ans, sa vie devint une série « d'accidents ». Il n'avait plus confiance en personne et arrêtait les fugitifs avec un pistolet. Mais même cela ne l'empêcha pas de se faire maltraiter de temps à autre par les Américains qui en avaient assez d'être arrêtés lorsqu'ils roulaient à 26 km/h et devaient payer leurs amendes. Ce qu'ils ne comprenaient pas — c'est pourquoi ils étaient pardonnables — c'est que les deux cultures envisageaient différemment ce même point du comportement ; l'informel se structurait dans des zones différentes de leurs systèmes respectifs. Techniquement, pour l'Espagnol, la loi était la loi et 26 km/h, c'était une infraction à la loi. Ce n'est qu'une fois arrêtés que les Espagnols faisaient appel à l'informel et se servaient de ce système de relations fait pour s'entendre avec un gouvernement faible. De leur côté, les Américains s'accordent une certaine tolérance informelle dans leur définition de ce qui est infraction ; mais ils ont tendance à devenir têtus (et techniques) une fois que l'appareil juridique est en marche. L'idée de limiter la vitesse précisément à 25 km/h choque à la fois notre conception des lois (elles devraient être cohérentes) et notre sens des marges de tolérances informelles. Le problème de Sancho, c'est qu'il n'avait rencontré aucun modèle pour lui apprendre à traiter avec les *Americanos.*

En général, les Américains, contrairement aux Espagnols, n'ont pas élaboré de système qui leur permette de vivre en paix avec la loi. Notre propre système formel stipule qu'il est répréhensible d'user de son influence, surtout lorsqu'il s'agit de fléchir les autorités. Notre tolérance à cet égard est réduite, car nous pensons qu'un homme qui n'est ni stupide ni coupable ne se précipite pas pour bénéficier des faveurs des jurés. L'Américain peut enfreindre les lois, mais il hésite à s'immiscer dans les rouages de la justice. Conditionnés par la culture américaine, nous avons beaucoup de problèmes à l'étranger quand l'application de la loi y manque de tolérance. Nous ne pouvons pas imaginer d'alternative qui les rendrait vivables. Nous avons du mal à découvrir en quels domaines l'étranger est tolérant ; quand c'est fait, nous hésitons à profiter de cette tolérance lorsqu'elle constitue une infraction à nos systèmes formels. Ce qu'aimerait l'Américain, ce qu'il veut vraiment, c'est que les systèmes étrangers changent et deviennent «cohérents» comme le nôtre.

Bien sûr, l'informel est partout. Ce qui déroute les voyageurs et ceux qui travaillent à l'étranger, c'est qu'il n'existe aucun moyen de savoir, dans une situation donnée, dans quel sens va la tolérance. La difficulté s'accroît du fait que les autorités locales sont également incapables de définir leurs règles. De plus, un système formel très sévère à une époque peut devenir très souple quelques années plus tard. L'attitude des Arabes vis-à-vis des femmes, par exemple, change très rapidement. Ce qui durait depuis des siècles n'a plus cours dorénavant.

Les attitudes techniques
vis-à-vis du changement

Lors de la formation de techniciens devant travailler à l'étranger, on doit leur apprendre à éviter d'introduire des changements susceptibles d'enfreindre les règles formelles. Le technicien demandera : « Dans quel domaine puis-je aider les gens à améliorer leur condition sans heurter le formel ni l'informel ? » La réponse est bien sûr dans le technique. On peut y introduire très facilement des changements sans enfreindre les normes formelles et informelles. L'Américain a réalisé des progrès continus, réguliers, en ce qui concerne, par exemple, les carrosseries d'automobiles, le pétrole, la métallurgie, les antibiotiques et la médecine ; une évolution comparable peut donc avoir lieu dans des pays qui, technologiquement, n'ont pas progressé aussi vite. Quels que soient les changements introduits, ils doivent opérer dans les seuls domaines de la vie *qui sont traités de manière technique ;* ou bien, il faut les présenter en tant que systèmes entièrement nouveaux en soi et achevés. En Amérique latine, par exemple, on a introduit les transports aériens avant même que ces pays aient atteint le stade de la carriole et de l'automobile. Il était plus facile de mettre en place des aéroports que des réseaux routiers. Cette même technologie «à saute-mouton» est appliquée en Afrique.

Cependant, les changements techniques sont souvent minimes et concernent le détail d'une opération. On peut changer un moteur de voiture sans altérer la ligne de la carrosserie. On peut changer une hélice pour se conformer à des circonstances particulières, changer les matériaux de construction sans enfreindre les lois qui dictent l'esthétique, mettre un soc de fer sur une charrue en bois sans enfreindre les règles formelles, procurer du DDT en poudre ou liquide selon les habitudes locales concernant les insecticides. Les Indonésiens, à cause de leurs croyances religieuses formelles, évitent d'exercer un contrôle sur la nature ; mais on peut leur faire adopter des méthodes d'agriculture modernes en insistant, non sur le fait que «l'on va rendre la terre plus rentable», mais que «l'engrais nourrit la terre».

Margaret Mead, dans son rapport sur les habitants de Manus, dans le Pacifique Sud, nous a montré l'un des plus remarquables changements de ces dernières années. Les habitants de Manus envisagent leur culture de manière technique. Il semble qu'ils agissent ainsi depuis si longtemps qu'ils ne pourraient pas adopter une attitude différente sans désorganiser leur vie. Ils expérimentent leur culture consciemment, en en faisant tour à tour l'analyse et la synthèse, afin de voir de quelle manière elle agit. Il était donc inévitable que le contact avec les Américains durant la dernière guerre apportât de nouveaux systèmes de comportement et une organisation sociale nouvelle. C'est ce qui arriva. Il semble qu'alors les autochtones se réunirent et se dirent : «Organisons une nouvelle société qui soit plus en accord avec le monde extérieur.» Ils n'attendirent pas que le changement les submerge petit à petit ; ils ne se dispersèrent pas en

petits groupes pour finalement se perdre parmi les
Blancs. Ils se réunirent et réorganisèrent entièrement
leur société. Ce qui n'est pas clair, en regard de cette
attitude technique envers la vie, c'est *quelle place
prend le formel* et quelle forme il revêt chez les
habitants de Manus. On peut interpréter les changements survenus sur l'île en pensant qu'ils ne sont que
l'écorce relativement superficielle d'un noyau plus
stable et plus durable ; ainsi le potier, chez les Pueblos, peut varier les dessins et les décorations mais
non pas la méthode utilisée pour tourner, vernir ou
cuire la terre.

Maria, qui est potier au Nouveau-Mexique, nous
donne un excellent exemple de ces changements,
comment ils surviennent et la portée de leurs conséquences. Elle pratique un art emprunté au Mexique et
perpétué par les femmes pueblos depuis 1300 ou
1500 ans.

Les femmes pueblos ont toujours fabriqué les poteries de manière traditionnelle. Avant la Première
Guerre mondiale, cet art commença à dégénérer de
manière notable ; c'était le signe que la vie des Pueblos
perdait une partie de son pouvoir d'intégration. Plus
l'individu descendait les échelons du développement
socio-économique par rapport au Blanc, plus il perdait
le respect de soi. Personne ne sait ce qui se serait
passé sans ces trois personnages clés : Maria et son
mari Julian, tous deux artisans habiles, et Kenneth
Chapman, un anthropologue qui, devant cet état de
choses, consacra ses travaux à faire revivre l'artisanat
pueblo. Julian aidait Maria occasionnellement, en
décorant les poteries. C'était un de ces changements
techniques qui mènent loin. Maria était le meilleur
potier de San Ildefonso. Le soin et l'attention, le sens
du détail dans son œuvre paraissaient évidents aux pro-
fanes eux-mêmes. Selon les schémas pueblos, c'était
une individualiste. Contrairement à beaucoup d'autres,

son œuvre ne dégénérait pas ; elle devint donc de plus en plus populaire. Chapman décida de la promouvoir dans le monde des Blancs.

Il arriva qu'accidentellement, un des pots de Maria devint noir au lieu de rouge. Un pot tout noir et mal fait est très laid. Un pot noir bien fait permet réellement d'apprécier à la fois la simplicité de la couleur et l'habileté technique. Malgré cela, les habitants de San Ildefonso n'avaient pas place dans leur univers pour un pot noir. L'homme blanc, par contre, n'avait aucune tradition concernant la poterie et ne la concevait pas particulièrement noire, ou rouge, ou blanche. Il pensait qu'elle devait être bien faite, lisse et équilibrée. Lorsque Maria et Julian livrèrent à un revendeur de Santa Fe un lot de poteries rouges, ils lui donnèrent en même temps les deux pots noirs « ratés ». L'homme les avait vendus avant même d'être arrivé à la porte de son magasin.

Il était très facile aux Indiens de fabriquer d'autres pots noirs, car ils savaient pourquoi ils étaient devenus noirs. Maria, ayant découvert que ses poteries étaient de plus en plus populaires, apprit à ses sœurs à contrôler l'accident de manière à satisfaire le goût des Blancs. D'autres femmes du pueblo suivirent son exemple. La renommée de Maria attira de plus en plus de touristes et de clients, et chacun en tira parti. Aujourd'hui, San Ildefonso est célèbre, non plus pour ses poteries rouges, mais pour les noires. La fabrication accidentelle et informelle d'un pot noir se transforma en un changement technique de fabrication, et eut d'autres conséquences notables. On découvrit d'abord la qualité exceptionnelle des poteries des Pueblos. Puis ce changement mena à de nouveaux essais décoratifs, ouvrant la voie à l'évolution des schémas traditionnels et aboutissant à la création de bijoux d'argent, art traditionnellement associé aux Navajos et aux Zuñis.

Cet exemple éclaire un certain nombre de choses par rapport aux changements techniques :

Ils sont toujours spécifiques. Dans ce cas précis, on choisit le mode de cuisson, étape parmi tant d'autres dans la fabrication d'un pot. Les changements techniques sont aisément visibles, analysables et transmissibles. Ils ouvrent la voie à d'autres changements et souvent, à l'amélioration de la qualité de l'objet. Ils bousculent souvent les normes formelles traditionnelles et leurs effets sont considérables. Leur ensemble, rendu cohérent et accepté de tous, forme la base d'un système formel nouveau.

Notre système de division du calendrier est un exemple d'une innovation technique résultant d'une foule de petits changements techniques qui en vinrent à former un ensemble schématique accepté de tous ; et si bien accepté que des divisions telles que l'heure ou la semaine sont considérées comme des divisions «naturelles» du temps. En fait, ce système est tellement formel que lorsque les Anglais modifièrent leur système de division du temps en fonction du calendrier grégorien, en 1752, il y eut des révoltes. On criait : «Rendez-nous nos quatorze jours !»

Les processus du changement

Le grand généticien Theodosius Dobzhanski s'aperçut un jour que la vie n'était pas le résultat de la détermination ou du hasard mais celui de l'interaction dynamique de la substance vivante avec elle-même. Il pensait que la vie dans un environnement évolutif, force l'organisme à s'adapter, de telle manière que s'il ne le fait pas, cet organisme, en tant qu'espèce, s'éteint. Ce processus d'adaptation mène aux formes de vie complexes qu'on trouve sur terre. Les cultures différentes sont analogues aux espèces en ce sens que certaines survivent tandis que d'autres disparaissent. Certaines s'adaptent mieux que d'autres. Analyser le changement, c'est donc analyser la survie. Il est donc d'un intérêt plus qu'académique de savoir comment le formel, l'informel et le technique existent dans une relation de changement continu. La théorie de la nature de ces relations est une théorie du changement.

Vu la nature technique et la complexité de la plupart des données dont nous disposons, je ne décrirai qu'un seul des schémas culturels de changement (on en trouvera d'autres dans l'annexe 3). On reconnaîtra immédiatement le caractère intemporel de ce schéma et le fait qu'il porte en soi la plupart des éléments fondamentaux illustrant le principe du processus de changement culturel. Le lecteur s'apercevra que beaucoup de données citées sous un autre chapitre illustrent aussi bien la manière dont apparaît le changement.

Il est une caractéristique du changement culturel que l'on relève souvent : une idée ou une pratique aura cours de manière durable, résistant apparemment à tout effort de changement, et soudain, sans préavis, disparaîtra. L'anecdote que nous allons citer, familière à beaucoup d'Américains, illustre ce phénomène de manière évidente.

De quelque point de vue qu'on se place, la culture apparaît comme l'ensemble des schémas formels du comportement constituant le *noyau* autour duquel se placent certaines adaptations informelles. Ce noyau est également renforcé par une série d'appuis techniques. J'en eus un exemple classique lors d'une conversation avec de jeunes étudiantes. Elles se préoccupaient sérieusement du rôle qu'elles auraient à jouer plus tard. Un sujet les intéressait particulièrement ; c'était, bien sûr, celui de leurs rapports avec les hommes. Au cours d'une discussion sur ce sujet, l'une des jeunes filles résuma très succinctement la situation et illustra le principe énoncé plus haut.

Le problème qu'elle évoqua se posait ainsi : sa famille, en particulier sa mère, lui avait inculqué une série de principes formels en insistant sur l'importance de la chasteté prémaritale. La jeune fille ne voulait pas enfreindre ces règles ; et pourtant, c'est ce qu'elle faisait en se promenant en voiture la nuit, seule avec un garçon, en flirtant, en se rendant à des surprises-parties sans surveillance. En effet, les appuis (ou contraintes) traditionnels sur lesquels se fondait la vertu s'étaient effondrés. De plus, beaucoup de choses la poussaient à renoncer à cette idée de chasteté prémaritale. Comment, demandait-elle, pourrais-je me maintenir dans cette position alors que je n'ai plus d'appuis ? Comment préserver le noyau d'un système formel lorsque tous les appuis techniques importants se sont effondrés ?

Nous pouvons rire, rétrospectivement, des mille et un petits appuis qui aidaient jadis une femme à conserver sa vertu. Je me rappelle avoir entendu parler d'une vieille dame de la Nouvelle-Angleterre qui critiquait sa belle-fille sur la manière dont celle-ci se tenait, en particulier les jambes. Ses reproches étaient à peu près les suivants : « Ma chère, dans cette famille, une femme ne croise jamais les jambes. Elle s'assied sur le bord de sa chaise, la tête droite, les mains croisées sur les genoux, les genoux joints. Dans des circonstances moins officielles, chez elle ou en présence de son père ou de ses frères, elle peut croiser les chevilles. » De nos jours, ce genre de propos est devenu comique.

Auparavant, le vocabulaire des hommes et des femmes était très différent. Il y avait certains mots que les femmes n'étaient jamais censées entendre. L'attitude et l'habillement étaient différents et certains domaines étaient interdits aux femmes — ceux dans lesquels elles auraient pu être traitées de manière irrespectueuse. Les vêtements cachaient tout, excepté le visage. Elles étaient sévèrement chaperonnées et l'endroit ou l'heure où l'on pouvait les voir en compagnie d'un homme étaient très limités. Beaucoup de nos contemporains ont vécu cette situation.

En Amérique latine, pourtant, les bases techniques qui servent d'appui à la vertu formelle sont encore solides et cohérentes. Les Américains en sont venus à considérer que les contrôles existent, non dans la situation, mais dans l'individu. Les pays latins voient les choses différemment. L'homme est considéré comme incapable de résister à ses pulsions sexuelles lorsqu'il se trouve en présence d'une femme *dans des conditions telles* que l'éventualité d'un rapport sexuel n'est pas exclue. La femme est une créature fragile incapable de résister à l'homme. Le contrôle de la situation exige donc l'entrée en jeu de la tradition dans toute sa force.

Il est évident que l'évolution des mœurs en Amérique latine devrait se fonder sur une conception nouvelle de la nature de l'homme et de la femme. L'évolution est déjà amorcée du fait que de plus en plus de femmes de ces pays entrent en contact avec des hommes dans des types de relations sociales qui ne sont plus forcément formelles. La sténodactylo qui travaille dans un bureau, en contact quotidien avec des hommes, est considérée autrement que la jeune fille chaperonnée de l'ancien temps.

Toutefois, le rythme auquel changent des systèmes formels et techniques peut être une source d'anxiété pour l'individu. En ce qui concerne le sexe, les appuis techniques se sont effondrés, aux États-Unis en premier lieu ; mais la survivance des principes formels est attestée par la question que posait l'étudiante. On peut se demander combien de temps ces schémas formels survivront. Il y a quelques années, on prêtait au

célèbre anthropologue G. P. Murdock l'affirmation
que la chasteté prémaritale ne passerait pas une autre
génération. Les gens furent terrifiés. La presse l'atta-
qua ; il reçut des lettres d'injures et fut sévèrement
jugé. La réaction était typiquement celle de gens à qui
l'on prédit l'effondrement d'un système formel.

Souvent, les systèmes techniques deviennent des
systèmes formels, et si vite que les gens réagissent
comme s'il s'agissait toujours de schémas techniques.
Le culte rendu à la méthodologie scientifique par les
sciences sociales contemporaines a des résonances
formelles plutôt que techniques. De nos jours, les
savants semblent se transformer remarquablement vite
en prêtres. S'ils sont différents du prêtre ordonné, qui
sait qu'il est prêtre et reçoit les bases d'une organisation formelle, le savant ritualiste est engagé dans une
mascarade plus que bizarre.

Ce qui arriva aux disciples de Freud aux USA est
un bon exemple de cette transition. Leurs travaux ont
tous les caractères de la religion, y compris le réexa-
men laborieux en matière de dogme et une sorte
d'excommunication pour les hérétiques. La plupart
des psychanalystes se meuvent très bien à l'intérieur
du système et essaient de s'adapter, parce qu'ils
savent qu'ils sont dans un système formel, et non pas
technique. Toutefois, il est temps de se rendre compte
que beaucoup de domaines qui passent pour scientifiques ne le sont plus dorénavant, car ils n'apportent
plus aucune cohérence à la science. Ils s'accrochent à
leurs procédures comme l'Église à son rituel.

Plus tard, on pourra approfondir les connaissances
concernant ces deux types de fondements techniques
qui passent pour scientifiques. Le type A semble être
la base d'intérêts en cours et fournir l'appui du noyau
formel (lois, règles de conduite, rituels, règlements,
etc.) ; le type B fait souvent le contraire, mettant à bas
les appuis existants pour en ériger de nouveaux. Des

hommes comme Darwin, Newton et Einstein ont démoli des structures anciennes, ouvrant la voie à de nouvelles formes de pensée. Le type B tend vers le but classique de la science, qui est d'expliquer toujours plus d'événements avec de moins en moins de théories. On peut résumer ce contraste entre les deux aspects du technique en disant que tous les fondements scientifiques sont techniques mais que tous les fondements techniques ne sont pas scientifiques.

En somme, le changement est un processus circulaire complexe. Il va du formel à l'informel puis au technique et de nouveau à un formel différent ; les points importants se déplacent rapidement lors de certains passages. Ce déplacement rapide des points primordiaux s'explique par le fait que les gens, ne supportant pas d'exister dans deux systèmes à la fois, doivent appréhender la vie à tout moment, à partir d'un de ces trois niveaux d'interprétation, mais pas plus d'un seul à la fois.

Il est douteux que personne puisse jamais changer réellement la culture, au sens usuel du mot. Ce qui se passe, c'est que des adaptations informelles minimes se font continuellement au cours de la vie quotidienne. Certaines réussissent mieux que d'autres. Ces adaptations passent parfois du formel au technique, devenant alors une amélioration ; les améliorations s'accumulent imperceptiblement jusqu'au moment où on les proclame soudain «révolutions». Des améliorations minimes régulières dans la conception des carlingues d'avions ont abouti à des engins dont ne rêvaient pas nos parents.

Celui qui désire réellement promouvoir le changement culturel doit découvrir ce qui se passe au niveau informel et relever les adaptations informelles auxquelles la vie quotidienne fait le plus souvent appel. Ce processus même ne peut qu'accélérer le changement, mais non pas le contrôler réellement

LES ASPECTS FORMEL (F), INFORMEL (I) ET TECHNIQUE (T) DE L'ACTIVITÉ HUMAINE

noyau

Association — Subsistance — Bisexualité

	Exploitation	Interaction	Association	Subsistance	Bisexualité
		Gouvernement		Occupations et professions	
		Caste	Subsistance		
	Technologie	Langage	Structure de classe	Structure économique (travail)	Sexe (biologique)
(T)	Exploitation des ressources (y compris l'agriculture)	Gestes		Rôle de l'homme et de la femme	Habillement et comportement de l'homme et de la femme dans des domaines techniques
(I)		« Intonation »	Besoins d'espace individuels	Relations spatiales	Frontières de tous types
(F)	Conception du confort		Succession du temps		
	Schéma des croyances (surnaturel, santé, etc.)	Cycles			
	Attitudes individuelles vis-à-vis du surnaturel, santé, etc.	Conception du jeu et de l'humour	Calendrier, mesure du temps		
	Cérémonies religieuses, défense militaire, médecine	Jeu	« Élevage » (enfants)		
		Amusements	Apprentissage informel (par l'observation)		
			Éducation		

Défense — Jeu — Connaissance

expression

Temporalité — orientation — Territorialité

comme le voudraient les hommes d'action. La cause en est le caractère inconscient de l'informel, d'où naît tout changement. Pour paraphraser Dobzhanski, la vie est due à l'interaction dynamique de la substance vivante avec elle-même, et non au hasard ou à la détermination.

5

La culture est communication

Depuis ces dernières années, le physicien, le mathématicien et l'ingénieur se sont accoutumés à considérer la plupart des événements en tant qu'aspects de la communication. Un titre comme *Électrons, Ondes et Messages* ne semble pas incongru. Un autre titre, *Théorie mathématique de la communication*, semble indiquer que cette conception a été acceptée facilement, du moins par le profane passionné de sciences. Toutefois, les spécialistes du comportement n'ont commencé que depuis peu à analyser leurs sujets respectifs en référence à la communication.

Le lecteur peut se demander de quelle nature est le lien entre la communication telle que je la définis et la théorie de la communication (théorie de l'information) des laboratoires, en électronique. La théorie de la communication est en quelque sorte la transcription « sténographique » d'événements liés à la communication et déjà analysés en profondeur, tels que la phonétique, l'orthographe, les signaux télégraphiques et télévisés, etc. Ce processus semble agir, inévitablement, dans une direction unique : la symbolisation. Il faut se rappeler que lorsqu'ils parlent, les gens utilisent des symboles vocaux arbitraires pour décrire ce qui s'est passé ou aurait pu se passer ; et qu'il n'existe aucune relation nécessaire entre cette symbolisation et l'événement. Par la manière dont la culture s'élabore, le discours est un processus hautement sélectif. Aucune culture ne possède un moyen de discours qui évite de mettre en lumière certains faits au détriment des autres. Il s'ensuit que l'écriture est la symbolisation d'une symbolisation. La théorie de la communication fait avancer d'un anneau cette réaction en chaîne. Je vois personnellement une différence entre l'approche de l'ingénieur électronicien et celle du spécialiste de la communication culturelle : l'un travaille avec des données symboliques très condensées tandis que l'autre tente de mettre en lumière ce qui se passe lors du discours, avant que les données aient perdu leur résonances sous-jacentes.

Si l'on considère la totalité de la vie humaine en tant que communication, on aperçoit un éventail qui couvre un ensemble très large d'événements liés à la communication. On peut relever des messages complets de durée variable ; certains sont très brefs (moins d'une minute), d'autres s'étendent sur des années entières. En général, l'analyse de la culture s'occupe d'événements de durée moyenne. En référence à la psychologie de l'individu dans son contexte culturel et social, les événements liés à la communication sont d'une durée très étendue. L'étude du gouvernement et les sciences politiques peuvent mettre en jeu des messages dont le développement s'étendra sur des années. Les exemples cités ci-dessous montrent les variations de ces messages sur l'échelle de la durée.

Quand un homme rentre du bureau, ôte son chapeau, enlève son manteau et dit : « Oh, là là » à sa femme, sa manière de dire : « Oh, là là », renforcée par la manière dont il ôte son pardessus, résume ses sentiments à propos de ce qui s'est passé au bureau. Si sa femme veut des détails, elle devra l'écouter un moment ; mais elle saisit en un instant la signification du message ; c'est-à-dire quel genre de soirée ils vont passer et comment elle devra s'y préparer.

Un vendeur tente depuis des mois de conclure une affaire avec un client important. Finalement, le client est d'accord pour soumettre la proposition au comité directeur et promet au vendeur qu'il connaîtra la réponse la semaine suivante. Le premier quart de seconde de l'entretien qui suit renseigne habituellement le vendeur sur ce qu'il veut savoir — si l'affaire est conclue ou pas.

Une personnalité politique prononce un discours supposé devoir rassurer les gens. L'effet contraire se produit. Les mots, *lus,* sont rassurants. Mais l'ensemble du message tel qu'il est transmis, ne l'est pas. Pourquoi ? Parce que l'auditoire, comme la maîtresse de maison et le vendeur, sait à quoi s'attendre. Les phrases, en elles-mêmes, peuvent n'avoir aucun sens. D'autres signes peuvent être beaucoup plus éloquents. Les facteurs qui composent la signification d'un message au niveau culturel sont caractérisés par leur brièveté, comparés aux autres types de communication. Simplement en élevant l'intonation de la voix, à la fin d'une phrase, au lieu de parler sur le même ton, on peut (en anglais) transformer un état de fait en une question. La difficulté des échanges interculturels a souvent sa source dans le fait que la communication au niveau culturel, s'effectue dans un temps très bref.

Si, abandonnant la fraction culturelle de l'éventail de la communication, on analyse celle de la personnalité, la longueur du message s'accroît. Le fondement de l'analyse, au lieu d'être constitué de sons, est fait de l'ensemble des interactions entre les gens — la mère et l'enfant, par exemple. Les premières impressions peuvent être très mauvaises, parce que ni l'un ni l'autre n'ont eu l'occasion de se révéler pleinement dans un laps de temps trop réduit. La personnalité en tant que tout, se développe assez lentement et ne peut être saisie qu'après des années.

La fraction de l'éventail de la communication qui

concerne les événements politiques est composée d'unités de durée plus conséquente. La signification du message se dégage à travers des siècles d'histoire. Dans un schéma d'ensemble, la synthèse d'un gouvernement n'est pas un simple document de plus ; il peut équivaloir à un point, une virgule ou même un point d'interrogation à la fin d'un message qui s'est développé sur plusieurs années. Le message est constitué de nombreux actes et situations — tout politicien, tout homme d'État le sait. On peut considérer la diplomatie et la stratégie politique comme une sorte de débat dans lequel un mot équivaut à une année entière.

Les sociologues ont beaucoup de difficulté à s'entretenir avec ceux qui ont travaillé sur une fraction précise du spectre de la communication : ce que l'un comprend clairement peut sembler à l'autre confus ou sans importance. Pourtant, tous les chercheurs tentent d'établir un schéma qui leur permettrait d'analyser l'objet de leurs travaux. Finalement, tous ces schémas sont interdépendants. Si le langage de la politique et celui de la culture sont très différents, chacun sous-tend l'autre.

Comme les réseaux téléphoniques, tout système de communication recouvre trois aspects : l'infrastructure, comparable au réseau des lignes téléphoniques ; ses composantes, comparables au central téléphonique ; et le message lui-même, transmis par le réseau. On peut décomposer de même le message en : séries (les mots), notes (les sons) et schémas (grammaire ou syntaxe). Il est essentiel de diviser chaque message en ses composantes, séries, notes et schémas, si l'on veut arriver à comprendre la culture en tant que communication. Les paragraphes suivants sont l'explication de ces termes et de ce qu'ils représentent.

En résumé, l'homme s'efforce sans cesse de découvrir ce que signifient les rapports entre individus et entre groupes d'individus. Le savant apprend vite à négliger le sens explicite immédiat de l'évidence pour rechercher un schéma. Il doit également apprendre à échelonner ses perceptions selon le type de communication analysé. On comprend que cela le mène à une cécité perpétuelle qui le rend pour ainsi dire incapable d'attention vis-à-vis d'autres types de communication, sur d'autres longueurs d'onde. L'expert est celui qui sait déchiffrer les communications dans une aire particulière et réduite. Il y a des spécialistes de l'événement à long terme et des spécialistes de l'interaction à court terme. De plus, si nous revenons au langage parlé (non écrit), en tant que système de communication spécialisé, nous pouvons recueillir des données sur le fonctionnement de systèmes moins élaborés. La plus grande part de ce que l'on sait de la communication vient de l'étude du langage ; celle-ci a été si fructueuse qu'on peut en tirer des analogies permettant de décrire d'autres systèmes de communication.

En ce qui concerne l'étude du langage, on ne peut rien affirmer absolument. Il n'existe pas deux langages qui se ressemblent ; chacun exige une approche nouvelle. Certains, comme l'anglais ou le navajo, sont si dissemblables que celui qui parle doit avoir deux images différentes de la réalité. Mais, qu'un langage soit proche ou non, l'analyse doit se faire dans une certaine voie pour permettre l'enseignement du langage.

Au premier abord, un langage inconnu n'est qu'un magma de sons indistincts. Pourtant, on remarque bientôt certaines choses, certains événements notables et récurrents. On peut par exemple percevoir des hiatus ou des pauses, espaces qui séparent un événement d'un autre. On pense généralement que ces pauses séparent les mots. En réalité, elles peuvent être constituées par des mots, ou bien des phrases, ou toute autre chose. Le fait est qu'un événement est perçu ; c'est ce que retiendra du langage l'étranger.

Pour l'instant, nous appellerons «mots» les choses que nous percevons. Mais ceci n'est qu'une commodité, car le mot tel que nous le connaissons a un sens très limité.

Lorsque nous apprenons une langue nouvelle, nous découvrons, après avoir articulé certains mots, que ces «mots» sont composés de sons variés dont beaucoup diffèrent de la langue anglaise. Puis nous découvrons qu'il existe une manière d'accorder les mots pour en faire une expression achevée que nous définissons comme phrase.

Donc, en découvrant le fonctionnemennt d'une langue lorsqu'on l'apprend, on part de quelque chose qui s'apparente au *mot,* constitué par des *sons* et rendu cohérent de manière particulière, selon certaines règles dont l'ensemble forme ce que nous appelons la syntaxe. Ce sont des étapes fondamentales ; elles permettent d'identifier les composantes de base d'une langue.

La terminologie des linguistes étant très technique et complexe, Trager et moi avons introduit un ensemble de termes qui s'applique à tous les types de communication, y compris le langage. Ce sont : les *séries,* les *notes* et les *schémas.* Les séries (mots) sont ce que l'on perçoit d'abord ; les notes (sons) sont ce qui constitue les séries ; les schémas (syntaxe) sont le moyen de rendre cohérentes les séries afin de leur donner un sens.

L'idée d'analyser la culture en tant que communication a été utile parce qu'elle a soulevé des problèmes auxquels on n'avait jamais pensé, et apporté des solutions qui, autrement, n'auraient pas été possibles. La richesse de cette approche est due à la distinction claire qui a été faite entre le formel, l'informel et le technique, et la conviction qu'on peut diviser la culture en séries, notes et schémas. Il est intéressant de noter que les premières analyses qui furent faites de la culture matérielle des Indiens d'Amérique se référaient à cette distinction ; mais elles sombrèrent dans une impasse méthodologique, parce que la linguistique n'avait pas suffisamment progressé à cette époque pour permettre à l'analyste de se servir des analogies de la culture avec celles du fonctionnement du langage. Cependant, ces données laissent à penser qu'il y avait quelque chose d'analogue aux notes, appelées traits, et des combinaisons comparables au mot, appelées ensembles de traits.

Pour une grande part, les tentatives d'analyse des cultures matérielles échouèrent parce que le travail de l'informateur vivant, s'il y en avait un, n'était pas utilisé de manière à fournir une base solide à l'analyse du domaine concerné. Le travail sur le terrain tendait, comme aujourd'hui, à être contaminé par la culture des scientifiques.

Tout comme les philosophes et les alchimistes, qui cherchaient le vrai avec des méthodes fausses, beaucoup d'anthropologues ont cherché les unités de base fondamentales de la culture. Utilisant le phonème (unité de base du langage) comme modèle, ils essayaient de découvrir son équivalent culturel, affirmant que la culture, tout comme le langage, était une entité. Beaucoup de ces efforts avaient pour base une compréhension incomplète du phonème. En réalité, le phonème est un groupe de sons reconnaissable pour qui parle couramment la langue. Le *b* tel que l'Alsacien le prononce dans le mot « boulevard », de même que toutes ses variantes régionales, constitue un phonème. Le *p* du début de « pop » est réellement différent de celui de la fin, bien que tous deux soient définis comme allophones (variantes indentifiables) du phonème *p*.

Le phonème, comme les autres notes, est une abstraction qui, aussitôt définie, disparaît dans un ensemble. Tant que les anthropologues ne l'eurent pas compris, le phonème resta un modèle inadéquat au reste de la culture. Le phonème représente également une seule unité structurale dans un système de communication hautement spécifique. Il est toujours vain de vouloir utiliser une analogie sur la base des unités structurales sans référence au fonctionnement de l'ensemble du système. Le spécialiste doit être logique dans ce domaine. S'il utilise l'une des unités de base linguistiques comme le phonème, il doit également se servir des autres aspects du système. Il semble que l'analyse linguistique doive s'adapter avant de constituer un modèle adéquat aux autres systèmes culturels. Les chapitres qui vont suivre sont le développement du sens des termes note, série et schéma qui remplacent les termes phonème, morphème et syntaxe utilisés en linguistique.

6

L'étendue de la série

En règle générale, une série est un groupe de deux ou plusieurs composantes, perçues comme distinctes. Les objets matériels tels que chaises, tables, bureaux, et une foule d'autres assemblages d'objets, peuvent être considérés comme des séries. Ainsi sont les mots, les périodes de temps, les unités de mesure comme le mètre, pour ne citer que les moins tangibles des moyens d'expérience .qui conviennent à cette définition. Il existe différentes sortes de séries — séries formelles, informelles et techniques ; malgré cela, certaines sont perçues plus aisément que d'autres. Les séries formelles, par exemple, sont constituées par tout ce que nous considérons comme inné ou naturel : les mots, les monuments, les gouvernements, la famille, le jour, le mois et l'année. Mais lorsqu'on les considère de manière technique, ces séries ne se suffisent pas en soi. On ne peut penser aux mots sans langage, aux monuments sans civilisation, au temps sans périodes.

A quelque niveau que ce soit, les séries sont rarement perçues isolément. Normalement, elles apparaissent en situation et en tant que partie d'une série d'événements similaires ou corollaires. Dans le cadre interculturel, la première chose que l'on apprend à propos de la société étrangère est l'existence de certaines séries formelles. Les séries sont soit désignées clairement, soit évidentes, au point qu'on ne peut les ignorer. Pourtant, bien souvent, le nouveau venu ne dépasse jamais le premier stade. Par exemple, il peut apprendre un grand nombre de mots (ou séries) de la langue étrangère tout en continuant à utiliser les notes linguistiques de sa langue maternelle. C'est ce qui lui donne un accent. De plus, il peut, sans le savoir, assembler des mots étrangers en des constructions ou schémas propres à sa langue maternelle, ce qui risque de rendre sa pensée inintelligible. Pour prendre un tout autre exemple, les Américains considèrent toute marque de voiture comme une automobile, alors que dans certaines régions du Moyen-Orient, une seule marque, Cadillac, est considérée comme une automobile. Dans de tels cas, l'étranger (par exemple, l'Arabe) a l'impression de maîtriser complètement une série tout à fait différente de celles dont il est familier ; il a l'illusion d'avoir compris une autre culture. En fait, seul le premier pas, bien hésitant, a été fait. Pour maîtriser une culture, il importe de maîtriser ses schémas et ses notes aussi bien que ses séries.

Les séries ne sont limitées que par le nombre de combinaisons possibles de leurs notes et de leurs schémas. Il est vain de vouloir expérimenter une culture en apprenant de plus en plus de séries. Il est facile de mémoriser les séries, mais il est difficile de déchiffrer un schéma. Parler des séries sans faire entrer en jeu les schémas équivaut à parler de briques sans rien dire des maisons. Aussi, bien que ce chapitre concerne l'analyse des séries, il est nécessaire d'introduire très souvent le concept de schéma.

Si l'on peut reconnaître un schéma, la nature des événements perçus n'a pas beaucoup d'importance, car ils peuvent être très différents tout en participant du même schéma, de même que les maisons sont toujours des maisons malgré la variété des matériaux employés. Au Moyen-Orient, par exemple, le mar-

chandage est un schéma sous-jacent dont la signification est différente de l'activité désignée par ce nom
dans notre culture. Pourtant, ce qui est perçu superficiellement (par exemple, les méthodes des Arabes
pour marchander) paraît familier et est considéré
comme équivalent. Rien n'est plus éloigné de la vérité.
Notre première erreur concerne la valeur que nous
attribuons au marchandage, au Moyen-Orient, et le rôle
que nous lui attribuons dans la vie quotidienne. L'Américain tend à mépriser les gens qui marchandent. Pour
lui, le seul commerce sérieux concerne les biens
immobiliers et les automobiles. Pour l'Arabe, par
contre, le marchandage est non seulement un moyen
d'occuper une journée mais aussi une technique de
contact interpersonnel. Mais ce n'est pas seulement la
valeur accordée au marchandage qui varie entre les
USA et le Moyen-Orient ; c'est le schéma lui-même.

Lors d'une première visite dans les pays arabes,
nous percevons une série d'interactions que nous
considérons comme liées au marchandage. C'est-à-dire
que nous percevons les séries : les actions, les
déplacements, la montée du ton, les intonations, le
retrait, l'acquisition de la marchandise. En voyant tout
ceci, nous ne pensons pas habituellement à ce qui
sépare notre propre schéma de celui-ci, visiblement
familier. L'Américain demandera : «Quel pourcentage
du prix demandé donnerai-je pour ma première offre ?»
Ce qu'il ignore, c'est qu'il existe plusieurs prix demandés. Comme l'Esquimau, qui possède plusieurs mots
pour désigner la neige, l'Arabe fixe plusieurs prix dont
chacun a un sens précis. Le schéma américain veut
que les deux parties aient fixé en secret un prix
minimum et un prix maximum au-delà desquels ils ne
veulent pas monter ou descendre ; et un prix demandé
considéré comme lié d'une certaine manière aux prix
secrets. On verra en détail, au chapitre 7, comment
tout ceci fonctionne.

Pour en revenir aux séries, il faut savoir qu'elles sont la première chose à observer, que leur nombre est illimité et que l'intégration de leur signification dépend de la connaissance des schémas dans lesquels elles entrent en jeu.

On peut toutefois faire d'autres généralisations à propos des séries. Elles peuvent être utiles à celui qui travaille sur le terrain, car elles montrent la voie des schémas plus profonds.

Une grande partie du vocabulaire des cultures concerne les séries. En examinant son vocabulaire, on peut se faire une idée d'une culture et de ce qu'elle tient pour valable. Le fait que nous ne possédions qu'un mot pour désigner la neige alors que les Esquimaux en ont plusieurs, est un bon exemple. Un vocabulaire techniquement très développé reflète une culture technique. Les Américains sont indifférents au fait que la publicité fasse appel à des mots qui, auparavant, n'étaient connus que des savants ou des ingénieurs, tels que chlorophylle, thermonucléaire, chloromycétine, cardio-vasculaire, etc.

Une même série peut être *valorisée* de manière différente. Le Sud-Américain demandera certainement, s'il vient du Venezuela, pourquoi nous accordons tant d'importance à une chose aussi sale et déplaisante que la plomberie. Il voudra savoir pourquoi les toilettes sont dans la salle de bains. Au Japon, pour prendre un autre exemple, l'émotion ou le sentiment sont très bien considérés. Ils sont appelés *kimochi* ou *dojo*. La logique telle que nous la concevons n'a qu'une faible valeur. Notre valorisation de ces deux séries est évidemment très différente de celle des Japonais.

Des séries comparables ont également des composantes différentes dans des cultures différentes. Pour nous, un service de Chine se compose de soucoupes, de tasses et d'assiettes faites de la même matière et toutes du même style ou portant la même marque.

Ceci ne vaut pas pour les Japonais. L'un des services que j'ai pu voir dans un grand magasin était un « service à café » dans une boîte. Il comprenait cinq tasses, cinq soucoupes, cinq cuillères (en porcelaine de Chine), un percolateur (comme ceux qu'on trouve dans nos cuisines), un pot à crème en cristal taillé et un sucrier avec un couvercle en plastique. Aux États-Unis, seule une imagination débridée classerait tous ces objets dans une même série.

Il est également important de savoir que les mêmes séries sont *classées de manière différente* selon les points du globe. Ce fait constitue une autre pierre d'achoppement et donne l'illusion d'apprendre quelque chose de différent. En anglais, les noms ne sont pas classés selon le genre, contrairement à la langue arabe. Il faut connaître le genre du nom pour l'utiliser correctement. D'autre part, nous faisons la distinction entre l'animé et l'inanimé ; cela signifie qu'un Trobriandais qui n'opère pas cette distinction doit se rappeler, chaque fois qu'il se réfère à un objet, si nous le considérons comme animé ou non. Il aurait également des difficultés avec nos classifications animales et végétales, car il conçoit les plantes comme des animaux capables de se déplacer d'un jardin à un autre (un bon jardinier est celui qui, comme un berger, réussit à garder chez lui ses propres légumes et même, convainc ceux du voisin — mais pas trop — de quitter leur jardin pour venir dans le sien).

L'anglais possède également des noms de masse et des noms d'entités. La catégorie des noms de masse comprend des choses telles que le sable, la neige, la farine, l'herbe. Ils sont indiqués par l'expression « Donne-moi du... ». La catégorie des noms d'entité comprend des objets tels qu'une famille, un dé à coudre, un homme, un chien. L'expression « Donne-moi un... » est la preuve linguistique de leur existence. L'étranger doit toujours apprendre, presque par cœur, les noms de masse et les noms d'entités. L'herbe est une masse, la feuille une entité ; on ne peut expliquer par la logique pourquoi un nom se place dans l'une de ces catégories et non dans l'autre. En fait, il est vrai que l'usage de toute série implique la répétition. Où et de quelque manière qu'on l'utilise, le vocabulaire doit toujours être fixé dans la mémoire.

Nous faisons également une distinction entre les différents états des choses — c'est-à-dire qu'elles sont actives ou passives. La manière de s'exprimer par rapport aux événements naturels varie également. Nous disons : «Je vous verrai *dans* une heure.» L'Arabe dit : «Que signifie "dans une heure"? L'heure est-elle une pièce dont on peut sortir et entrer?» Pour lui, son propre système est cohérent : «Je vous verrai avant une heure» ou «après une semaine». L'Anglais sort *dans* la pluie, le Français et l'Arabe *sous* la pluie.

Si les séries font l'objet d'une classification, elles sont également divisées, elles-mêmes, en catégories. L'analyse du nombre de séries comprises dans une catégorie donnée est révélatrice de l'importance relative d'un détail dans l'ensemble d'une culture. C'est Franz Boas qui, le premier, a analysé scientifiquement cette caractéristique, dans ses travaux sur les différents noms utilisés par les Esquimaux pour désigner les divers états de la neige. On peut se faire une idée de l'importance des femmes dans notre culture en examinant les nombreux synonymes qui les désignent (en particulier les jeunes) — poupée, nana, boudin, lapin, chatte, gonzesse, souris, pour n'en citer que quelques-uns. Chacun a sa propre position sur l'échelle des valeurs.

Le fait qu'elles aient presque toujours la même valeur que la catégorie qui leur correspond est un autre attribut des séries. Naturellement, cette valeur change selon les pays. Aux États-Unis, les Blancs sont

supérieurs aux Nègres. Au Libéria, c'est le contraire.
En ce qui concerne les bijoux, si le but visé est
l'élégance ou l'étalage en société, l'or a plus de valeur
que l'acier. Ce dernier peut cependant avoir plus
de valeur pour un sportif. Pour les Américains en
général, Cadillac passe avant Buick qui précède
Chevrolet.

En fait, en ce qui concerne les séries, l'échelle des
valeurs est si subtile que l'on doit être plus spécifique.
Il ne suffit pas de dire que les séries sont classées sur
une échelle de valeurs. Les catégories de valeurs, qui,
elles-mêmes, révèlent un schéma, sont aussi importantes. Il existe essentiellement trois manières de
valoriser une série : *a.* formellement, comme une
donnée traditionnelle dans un système de séries valorisées (plomb, cuivre, or, platine) ; *b.* informellement,
en accord avec le goût de l'observateur ou ce qu'exige
une situation (steak bleu, à point, bien cuit ; rouge,
vert, bleu, jaune) ; *c.* techniquement, en tant que
détail d'un schéma (« Les pommes de terre sont à 2 F
le kilo, hier elles étaient à 1,50 F »). En l'occurrence,
le schéma est ce qu'on appelle la loi de l'offre et de
la demande. Chez les Trobriandais, une denrée comes-
tible comme l'igname est valorisée selon un schéma
tout à fait différent : la taille, la forme, le moment de
la récolte déterminent la valeur du fruit. En ce cas,
l'offre et la demande ne jouent pas du tout.

Les Américains considèrent les couleurs de manière
informelle, c'est-à-dire en situation. Nous pouvons
égayer un mur gris par une touche de jaune ou de
rouge, ou de jaune et rouge. Nous ne placerons pas
ces deux couleurs l'une près de l'autre. Les couleurs
en soi ont peu ou pas de valeur. Lorsqu'elles en ont
une, c'est le goût qui fait office de critère. Chez les
Navajos, la situation se présente tout à fait différemment ; les couleurs sont valorisées comme le sont
chez nous l'or et l'argent — mais de manière plus

profonde. Parce qu'ils ne l'avaient pas compris, beaucoup d'employés du Bureau des réserves eurent des problèmes considérables. Voulant apporter aux Indiens la «démocratie», ces hommes bien intentionnés tentèrent d'introduire chez les Navajos un système de vote. Malheureusement, la plupart des Indiens étaient illettrés. On eut alors l'idée d'attribuer à chacun des candidats au conseil tribal une couleur différente, pour que les Indiens puissent entrer dans le bureau de vote et choisir la couleur qu'ils préféraient. Mais le bleu étant une bonne couleur et le rouge une mauvaise, le jeu électoral était faussé. Aujourd'hui, il y a des photos sur les bulletins de vote.

En Occident, les chiffres ont tous la même valeur, bien que les Occidentaux aient tendance à être impressionnés par les chiffres élevés et à détester le nombre treize. La superstition recule. Les nombres ne prennent de sens que dans un contexte technique. Pourtant, au Japon, il existe des nombres pour désigner la chance, la richesse, la faillite et la mort. Ceci complique les systèmes téléphoniques japonais. Les bons nombres sont très demandés alors que les mauvais sont abandonnés aux étrangers.

Il est clair que la différence la plus aisément perceptible entre les cultures est la catégorie dans laquelle prend place une série donnée et la manière dont cette série est utilisée : formellement, informellement, techniquement.

En résumé, il faut souligner que la seule signification que l'on peut attribuer aux séries en tant que telles est celle d'une *démonstration :* ceci est un «chien», ceci est un «homme», voici un «avion». Les séries en elles-mêmes sont neutres. Par contre, incluses dans un schéma, elles revêtent des sens plus ou moins complexes. L'analyse la plus détaillée des séries sans leur contexte schématique a été faite par la sémantique, dont l'objet est la signification des mots dans des contextes différents. Bien que cette science ait remarquablement progressé, il reste encore beaucoup à faire ; son principal défaut, telle qu'elle est pratiquée, est de considérer les schémas comme acquis.

7

La note illusoire

Si la série est l'aspect le plus aisément perceptible chez l'homme, si le schéma est le plan organisé que lui donne un sens, *la note*[1] *est une abstraction, une illusion, presque un fantôme.* C'est l'un des éléments dont est composée la série ; et pourtant, paradoxalement, dès que l'on cherche à analyser en détail la série et ses notes, la distinction entre les deux devient confuse. Bien sûr, on peut observer les notes mais dès qu'elles sont perçues clairement, elles semblent être des séries à leur propre niveau. Ce passage de la série à la note et de la note à la série est d'une importance primordiale. C'est ce qui a posé de nombreux problèmes au savant, car l'ensemble de la structure de la perception se modifie lors de la transition. Même les anciennes séries se transforment. Par exemple, une série, que nous appellerons « mot », est perçue. Mais lorsque l'on décompose la série en sons, qui sont les notes, nous nous apercevons que le mot tel qu'il était pensé en premier lieu a disparu. Nous avons tous expérimenté ce phénomène en jouant avec les sons d'un mot sans prendre attention au mot lui-même. Lorsque le linguiste, qui travaille de manière plus complexe, commence à enregistrer et à classer les sons dans sa recherche des notes, il s'aperçoit qu'en

1. En tant qu'entité isolée.

plus des voyelles et des consonnes habituelles, il existe des groupes de constantes, tels l'intonation, le registre, l'insistance. En conséquence, il se rend compte que le mot ne se décompose ni ne se construit comme il l'avait imaginé. Un ensemble de séries nouvelles semble prendre la place du mot.

On peut appliquer à ce dilemme un principe analogue au principe d'incertitude en physique. Selon ce principe, l'observateur et son instrument sont inextricablement liés au phénomène observé. L'acte d'observation altère les conditions de l'observation. Plus nous poussons l'analyse des composantes linguistiques, plus les observations passées deviennent abstraites et imprécises. En d'autres termes, lorsqu'on travaille sur des données culturelles, *on ne peut être précis que sur un seul niveau analytique à la fois et uniquement pendant une période déterminée.* J'appellerai ceci «indétermination culturelle».

Si l'on considère l'ordre remarquable qui se répète sans cesse dans la nature, on ne sera pas surpris de découvrir que dès que l'on commence à chercher les notes d'une catégorie donnée de séries (comme les sons dans les mots), certains faits réapparaissent régulièrement. Heureusement, ceci donne ses limites à ce qui serait autrement une tâche sans fin. On sait d'avance que ce que l'on cherche se transformera en une *catégorie* de séries. En ce qui concerne le langage, on part du principe qu'à partir d'un nombre limité de sons, on peut produire tous les mots de la langue anglaise. Nous savons également qu'il existe, pour tout langage, un «*système* de sons» et que celui qui parle est *limité* par le système de sa propre langue. C'est pourquoi la première langue apprise exerce une influence sur toutes celles à venir et leur donne son propre accent. L'effet limitatif du langage n'est *pas* dans les séries, mais dans les mots et dans les schémas. Chacun peut reproduire isolément les sons d'une langue étrangère, mais il est difficile de les assembler en un mot. Lorsqu'on tente de le faire, les habitudes sont si fortes que le son est toujours altéré.

Lorsque le spécialiste, quel que soit son domaine, part à la recherche des notes, il sait qu'éventuellement il découvrira un *système* ordonné et schématique, et que ses travaux ne sont pas sans limites. Au bout d'un certain temps, il aura maîtrisé le système et pourra le décrire. Alors il pourra l'enseigner et donc créer des systèmes nouveaux, tels que les systèmes d'écriture, les alphabets, la codification des systèmes légaux, pour ne mentionner qu'une partie des créations intellectuelles humaines.

Le but de l'analyste qui observe les phénomènes humains est de découvrir les schémas des notes qui existent, cachés dans l'esprit, le système nerveux et les muscles. On ne peut pas découvrir habituellement ces systèmes à l'aide de machines et d'instruments de mesure précis. Ils sont beaucoup trop flous et dépendent de l'aptitude de l'homme à *reconnaître les schémas et à y répondre*. Si le spécialiste utilise des instruments, il doit le faire avec la prudence appropriée aux données de son analyse et au niveau où celle-ci se place. S'il devient trop précis, il met à jour des éléments du système qu'il n'est pas encore prêt à analyser. Ce qui est important, ce sont les distinctions qu'opère celui qui parle sa langue maternelle et celles qu'il entend lorsqu'il écoute. Ce sont les mêmes. Ce sont elles qui soutiennent son système sous-jacent, celui qu'il partage avec des milliers, voire des millions de personnes. Le chercheur ne s'intéresse ni aux variations individuelles, ni aux différences de situation, ni au dialecte, ni au discours, mais à ce système qui permet aux hommes de se comprendre même lorsqu'il leur manque une partie importante des outils vocaux, par exemple, les dents. Ce qu'il faut décou-

vrir, ce sont les noyaux structuraux sur lesquels se
greffe le comportement et que l'on considère comme
liés ou équivalents. Il cherche ce qui permet à tous les
participants d'une culture donnée (non pas 80 ou 90%
mais tous) de distinguer entre l'événement A et
l'événement B. Ces événements peuvent être la distance entre deux personnes pendant une conversation,
le temps d'attente au coin d'une rue ou dans un bureau
annexe, enfin tout ce qui a un sens pour un membre
d'une culture donnée.

On met en jeu une procédure différente lorsqu'on
se demande ce qui permet à l'homme de distinguer A
de B et ce qui compose A et B. Cette différence de
procédure est due au fait que le sujet ne peut pas dire
avec précision comment il parvient à faire ces distinctions. Mais il peut dire si A et B sont différents ou
équivalents. La tâche du spécialiste est d'analyser la
différence pour découvrir le système sous-jacent des
sujets.

La procédure la plus répandue consiste à travailler
avec des séries contraires deux par deux, en relevant
les différences jusqu'à ce que toutes les distinctions
aient été formulées. Par exemple, «pit» est différent
de «pat», «tit» est différent de «tat». Puisque le son
initial p et le son final t sont des constantes dans
«pit» et «pat», les seules variables sont le i et le a
brefs. De même pour «tit» et «tat», «bit» et «bat»,
etc. A l'aide de cette information, il est possible
d'avancer l'hypothèse que les sons brefs i et a sont
les notes et que celui qui parle la langue fera la
distinction entre les deux. De plus, si l'on substitue
l'un à l'autre à l'intérieur d'un mot, ce mot changera.
A partir de ce stade, le travail du spécialiste devient
pour une grande part une besogne de routine. Il
continue son analyse, tenant chaque chose pour constante excepté la variable qu'il tente de cerner. Il
travaille sur un échantillon représentatif des «mots»

de la langue, jusqu'à avoir identifié toutes les distinctions opérées par ceux dont c'est la langue maternelle. Dans l'anglais parlé, il existe 45 variables qui se combinent pour former toutes les séries et leurs variantes ; 9 voyelles, 3 semi-voyelles, 21 consonnes, 4 accents toniques, 4 tons et 4 points de jonction. Il n'y a que 26 variables — les 26 lettres de l'alphabet — utilisées par le système d'écriture, plus les virgules, les points et les points d'interrogation.

En résumé, il est clair que, les notes étant par définition des abstractions, elles sont difficiles à décrire. Toutefois, le concept de note ou d'unité de base semble faire partie intégrante de la communication humaine à tous les niveaux. De plus, l'homme tente constamment de découvrir et d'analyser les notes, consciemment ou non. On est convenu d'utiliser le terme note pour désigner le type d'événement constitutif qui sous-tend les autres événements ; cette désignation se place à un niveau analytique. Malgré leur tendance à s'assimiler les unes aux autres, les notes et les séries sont très différentes à beaucoup d'égards. Les notes sont limitées en nombre, alors que les séries ne sont limitées que par les combinaisons schématiques possibles des notes. Les notes sont liées à un système et ne deviennent des séries qu'une fois sorties de ce système. De leur côté, les séries peuvent être utilisées et perçues hors de ce système, bien qu'elles *tirent leur signification* du contexte où elles sont placées. Contrairement aux séries qui sont clairement perçues, les notes sont une abstraction par rapport à des événements qui se rattachent à une norme reconnue par les membres d'une culture donnée. Il peut y avoir moins de .différences entre deux notes proches l'une de l'autre dans un contexte normatif que dans le taux de variation de chacune des normes ; c'est le *schéma* dans lequel elles prennent place qui permet à l'homme de les distinguer l'une de l'autre. La langue mexicaine, variante de l'espagnol, ne fait pas la différence entre le *i* bref de «dish» et le *e* long de «feet». Ils les considèrent comme des variantes d'un même son. Quand les Mexicains parlent anglais, ils ne savent pas lequel de ces deux sons ils utilisent.

Pour vérifier si un élément donné dans un ensemble est une note, il suffit de placer cet élément entre deux constantes et de le faire varier à volonté. Si l'élément change le sens de l'ensemble, alors c'est une note. La manière dont un homme termine ses phrases, par exemple, peut les transformer en affirmation ou en question selon que l'intonation s'élève ou non. L'inflexion montante à la fin d'une phrase est une note, l'inflexion descendante en est une autre. Ceci s'applique à l'anglais et à d'autres langues qui s'y relient, mais n'est pas universel. On peut également procéder en observant quel est l'élément qui se modifie lorsque tout le reste demeure constant. Si cette modification entraîne un changement de sens, alors la variable est une note.

Jusqu'à présent, la note a été décrite principalement en tant qu'élément de la série. C'est également l'un des éléments clés du schéma. Bien plus, on peut prouver que le travail de base accompli sur les notes, bien qu'il ait semblé inutile, est d'une importance cruciale dans l'analyse des schémas. La note constitue le passage de la série au schéma ; *elle est le principal moyen de distinction entre les schémas.* Cette note, si difficile à définir et à cerner, semble à présent être la clé de l'analyse de la communication, car elle fonctionne sur trois niveaux de manière différente : en tant que composante (c-a-k-e- = cake) ; en tant que note comme une série (*chaque son* est formé d'éléments) qui fait l'objet de l'analyse phonétique ; et au niveau du schéma, en tant qu'agent discriminatoire entre ces schémas. C'est pourquoi celui qui ne peut distinguer, en anglais, le *v* initial du *w,* est reconnu comme scandinave. De même, la transposition des sons *oï* et *eur* dans « oysters » et « birds », qui transforme ces mots en « ersters » et « boids », évoque pour les Américains le stéréotype du natif de Brooklyn.

8

Le schéma d'organisation

Les schémas sont les règles culturelles implicites au moyen desquels les séries sont disposées de manière cohérente.

Jusqu'ici, on savait peu de chose sur les schémas et leur fonctionnement. A vrai dire, si l'on pouvait citer les règles qui sous-tendent la plupart des aspects de la culture, il n'existerait aucune théorie des schémas, aucune donnée sur la manière de les analyser ou de les décrire.

Dans ce chapitre, j'expliquerai un certain nombre de points auxquels j'ai fait allusion dans les chapitres précédents. Certains de ces points interviennent dans nos systèmes de principes et sont radicalement coupés de nos manières habituelles de faire ou de penser. Le point principal est que, dans le domaine de l'abstraction, il n'existe pas d'«expérience» en tant que mode séparé et distinct de la culture. La culture n'est ni dérivée de l'expérience, ni reflétée par le miroir de celle-ci. Bien plus, on ne peut la comparer à une chose mystique conçue en tant qu'expérience. *L'expérience est une projection de l'homme sur l'univers extérieur, à mesure qu'il se détermine culturellement.*

J'aimerais insister sur une autre série de points fondamentaux : les lois qui gouvernent les schémas (lois de l'ordre, de la sélection, de l'harmonie).

Certains seront choqués par l'idée, difficile à accepter, que l'homme, en tant qu'être culturel, est limité par des règles latentes et n'est pas maître de son sort. Toutefois, une chose est claire : l'homme reste limité aussi longtemps qu'il ignore la nature des sentiers que lui offre la culture. L'anthropologue peut répondre de manière convaincante aux questions traditionnelles concernant la libre volonté, le déterminisme, l'individualité unique acquise par le plus ordinaire des citoyens qui découvre le concept d'un univers de lois cachées. Bien sûr, certaines impulsions semblent avoir une origine intérieure indépendante ; mais elles sont influencées par la culture de manière si radicale qu'elles entrent en jeu dans des situations contrôlées. Un homme attiré par une femme peut vouloir l'inviter à dîner. Savoir s'il le fera ou non, c'est là son choix personnel. Mais il ne pourra pas choisir les mots qu'il utilisera, les cadeaux qu'il lui fera, l'heure à laquelle il peut lui téléphoner, les vêtements qu'il portera et le fait qu'aux États-Unis c'est la femme qui décide en dernier lieu. Pour nos contemporains, la revanche possible des frères de la femme en question n'entre pas en jeu parce qu'il lui donne rendez-vous sans la permission de sa famille ; il ne se demande pas si elle risque de perdre la vie en choisissant d'être intime avec lui. Ces «alternatives» n'apparaissent pas lorsqu'il fait son choix parmi les schémas dont il dispose. Dans les régions les moins européanisées du monde arabe, on tient compte de la mort possible de la femme et de la revanche sur l'homme. Ce genre d'exemple est évident ; c'est le type d'événement qu'on expérimente souvent ou qu'on ignore délibérément tout aussi souvent. Selon notre logique, il est «contraire à la civilisation» de tuer sa sœur parce qu'elle est intime avec un autre homme. Ce que nous ignorons, ou acceptons avec réticence, c'est que ces schémas s'enclenchent dans d'autres schémas d'ensemble ; ce que l'on préserve, ce n'est pas la vie de sa sœur (bien

qu'on puisse l'aimer profondément) ; c'est une institution fondamentale sans laquelle la société s'effondre-
rait ou s'altérerait radicalement. Cette institution, c'est
la famille. Au Moyen-Orient, la famille est importante
parce que les familles sont liées dans un engrenage
complexe et fonctionnel. L'organisation et les obliga-
tions qui l'accompagnent recouvrent les mêmes fonctions que le gouvernement aux USA. La sœur est un
lien sacré entre les familles et, de même que le juge
dans notre culture, elle doit rester au-dessus de tout
soupçon. Il est nécessaire de revenir sur les différences les plus évidentes du comportement ; car elles
révèlent des différences plus fondamentales dont elles
découlent et que l'on commence juste à connaître :
celles qui contrôlent le comportement de manière
radicale et ne sont pas des conventions impliquant un
choix, mais des lois si constantes qu'elles ne sont
jamais reconnues en tant que telles.

Benjamin Whorf, dont l'analyse a pour objet le
langage, a beaucoup à dire à propos de ces règles
profondément enracinées qui régissent à la fois la
pensée et le comportement. En fait, il est l'un des
premiers à avoir parlé de manière technique de ce
qu'impliquent ces différences dont l'homme ressent
l'influence lorsqu'il expérimente l'univers. Ce n'est
que récemment que l'on a cessé de penser que
l'expérience est ce que tout homme partage avec autrui
indépendamment de la culture. Il n'est pas sûr que
l'expérience soit partagée ou qu'il existe une *constante*
que l'on puisse appeler expérience, et qu'on puisse
tout analyser et tout mesurer en termes de cette
constante. Il faudrait plutôt dire que toutes les cultures
sont relatives les unes aux autres au niveau des
schémas. Il est de plus en plus évident que l'homme
n'a aucun contact avec l'expérience en soi, mais
qu'une série de schémas entrent en jeu et canalisent
ses sens et ses pensées ; elles conditionnent ses

réactions dans une certaine voie ; un individu dont les schémas fondamentaux sont différents réagira comme *son* expérience le lui dicte.

Comment un même ensemble de circonstances peut être expérimenté différemment, c'est ce que nous montrent les Américains et les Espagnols lors des corridas. L'Américain expérimente la peur qu'il ressentirait s'il était dans l'arène ; l'Espagnol expérimente par procuration la joie que ressent le matador à maîtriser le taureau. La mort est un autre exemple : l'anthropologue Cora Du Bois affirme que les habitants d'Alor considèrent un individu comme mort longtemps avant le stade où le ferait un Européen ; ils enterrent souvent des gens qui, pour nous, sont encore vivants. Ralph Linton, en parlant de la tribu malgache des Tanala, observe que ce que nous appelons la mort y est conçue comme l'admission d'un *nouvel* état de fait qui implique une participation active avec la vie. Une veuve doit divorcer avant de pouvoir se remarier. A tout ceci, le lecteur répondra : « Oui, bien sûr, mais ce peuple ne connaît rien de mieux, il est rétrograde, ignorant et ne sait rien de la science. Il n'est pas aussi avancé que nous. Que peut-on attendre d'autre de la part de sauvages ? » Tout ce qu'on peut répondre, c'est : « Oui, mais la vie et la mort sont des expériences objectives et devraient être identiques partout — quelle que soit la culture. » Il reste qu'elles sont différentes.

Whorf s'intéressait à la nature inconsciente des principes sous-jacents qui sont le fondement de la plupart de nos actions. Il développe ce point, en partie, dans un article, « Science et linguistique » :

> Nous disséquons la nature selon des lignes tracées par notre langue maternelle. On n'y trouve pas les catégories ni les types que nous isolons du monde des phénomènes, car ils sont plus

qu'évidents pour l'observateur ; au contraire, le monde se présente comme un flot d'impressions semblable à un kaléidoscope, que notre esprit doit organiser — c'est-à-dire, que nos systèmes linguistiques doivent organiser. Nous découpons la nature, l'organisons en concepts ; et si nous lui donnons de telles significations, c'est que nous sommes complices d'une convention qui nous pousse à l'organiser ainsi — une convention qui se retrouve tout au long de notre communauté linguistique et est codifiée par les schémas du langage. Bien sûr, la convention est implicite et informelle, *mais ses termes sont absolument obligatoires* ; nous ne pouvons pas nous exprimer si nous ne nous soumettons pas à l'organisation, à la classification des données telles que la convention les implique.

Pour la science moderne, le fait est significatif, car c'est la preuve qu'aucun individu *n'est libre de décrire la nature avec une impartialité absolue,* car il est contraint à certains modes d'interprétation, même lorsqu'il se sent le plus libre.

Dans un autre article, « La linguistique en tant que science exacte », Whorf poursuit :

> ... Nous avons tous une illusion à propos du langage, l'illusion que le discours est libre, spontané, et qu'il « exprime » tout ce que nous voulons lui faire dire. Cette illusion vient du fait que les phénomènes nécessaires à l'intérieur desquels se déroule un discours apparemment libre sont tellement autocratiques que le locuteur et son auditeur sont liés inconsciemment comme s'ils étaient aux prises avec une *loi de la nature.*

Les implications de ces affirmations vont très loin.

Elles signifient que lorsque nous commençons à comprendre réellement un peuple en maîtrisant son langage, nous découvrons encore des barrières cachées qui nous séparent l'un de l'autre.

Il existe pourtant un moyen de faire tomber ces barrières.

En référence à ce que j'ai dit des séries et des notes, la plus simple définition du schéma est celle-ci : un schéma est l'organisation cohérente de séries. Ce qui n'est pas dit ici, c'est qu'un schéma ne prend de sens que si on l'analyse à son propre niveau. Par exemple, le phénomène du linguiste est une association de séries cohérentes pour le linguiste et non pour le profane. Un salon décoré avec goût est une association de séries cohérentes pour des femmes qui appartiennent à un même groupe et qui connaissent l'art de la décoration. Les hommes auront tendance à considérer le salon comme une série, une entité, et à réagir à un effet global. Ce qu'ils ne verront pas, contrairement à beaucoup de femmes, c'est le détail. C'est le détail d'un schéma qui renseigne la femme sur un autre schéma. Pour beaucoup de gens, un cheval est un cheval ; mais un entraîneur habitué à acheter et à vendre des chevaux examinera un certain nombre de séries telles que la taille, le poids, la longueur du corps, l'épaisseur du poitrail, la configuration de l'encolure et de la tête, la posture, la robe, les sabots et l'allure. Le profane considère ces caractéristiques comme des notes, alors que l'entraîneur les voit à la lumière de son expérience. Il les énonce en esprit pour voir ce qu'elles ajoutent. C'est-à-dire qu'il place son cheval dans un schéma en le comparant à d'autres chevaux similaires, de la même manière qu'un taste-vin évalue les « qualités » d'un cru. Il faut se rappeler que le schéma n'est *considéré* comme tel que si on l'analyse à son propre niveau et s'il reste à ce niveau.

Un schéma donné ne paraît évident qu'à certaines

catégories de gens. Un homme voit une chose dans
une pièce, une femme en voit une autre, un domestique en voit une troisième. Cela signifie qu'il existe
un rapport entre les gens et les schémas. En effet, on
peut définir les groupes par la relation de leurs
membres à un certain schéma. Les individus qui
forment un groupe participent d'un schéma qui leur
permet de voir la même chose et maintient la cohésion
du groupe. A la lumière de cette analyse, il s'avère
nécessaire d'étendre la définition du schéma. Elle
s'énonce ainsi : un schéma est l'organisation cohérente
de séries commune à un groupe.

Les trois types de schémas

Au début du siècle, les hommes d'affaires japonais
arrivaient aux États-Unis en nombre croissant. Comme
tous les voyageurs, ils avaient du mal à s'orienter. On
dit que l'un d'eux a écrit un livre à l'intention de ceux
de ses collègues qui se rendaient en Amérique. Pour
interpréter le passage qui suit, on se souviendra que
la position sociale est la clé de la vie au Japon. Le
système hiérarchique est formel, bien que la plupart
de ses règles soient techniques. On ne sera pas surpris,
alors, de voir que notre auteur japonais commence son
livre en disant que la vie américaine est très cérémo-
nieuse, mais que les règles en sont si compliquées
qu'aucun étranger ne peut espérer les maîtriser un
jour. Pourtant, courageusement, l'auteur fournit un
guide en donnant des exemples de comportements qui
peuvent être suivis. Il signale que lorsque deux hommes
d'affaires américains se rencontrent, cela fait beaucoup de bruit, ils se tapent dans le dos et, comme mus
par un signal, cherchent leurs cigares et se les offrent

mutuellement. Tous deux refuseront le cigare de
l'autre mais en dernier ressort, l'homme de statut
inférieur acceptera le cigare offert par celui dont le
rang social est le plus élevé.

Malgré cette analyse comique, nous reconnaissons
tous ce schéma. C'est un schéma informel qui tend à
disparaître. Mais nous savons aussi que le plus âgé
acceptera le cigare du plus jeune si ce dernier est en
progression sur les échelons de la réussite sociale.
Cela signifie que le plus âgé le reconnaît comme tel.
L'importance hiérarchique accordée par le Japonais à
ce schéma suggère un autre aspect de notre vie,
visiblement caractérisé par un schéma formel sous-
jacent d'égalité. Cela prouve que nous possédons
également un système de statuts informel, schématique et complexe. Les degrés de l'échelle de la
mobilité sont nombreux et si minutieusement déter-
minés que l'Américain moyen qui utilise ce système
est incapable d'en décrire le fonctionnement technique. Beaucoup de romans américains récents, tels
que *The Man in the Grey Suit* ont tenté de décrire une
partie de ce système. En fait, le statut social est un
thème que l'on retrouve dans tous les romans américains. L'un de ces thèmes consiste à jouer sur le
conflit entre le système de valorisation informel et le
schéma fondamental d'égalité. Un autre thème met en
jeu des personnages qui deviennent trop vite célèbres,
se retrouvent prisonniers de schémas qu'ils connaissent
mal et sont sévèrement jugés pour les avoir mal
utilisés.

En Amérique, selon les schémas formels, l'expression de la joie est le rire, l'expression du malheur, les
larmes. Toujours selon ces schémas, il est plus facile
à la femme qu'à l'homme de rire ou de pleurer. Au
Japon, comme beaucoup d'Américains s'en sont rendu
compte, le rire n'exprime pas nécessairement la joie. Il
peut signifier l'embarras. De même, les larmes ne sont

pas toujours l'expression de la tristesse. Lorsqu'un sociologue tente d'illustrer un schéma formel et doit s'en tenir à une partie de la communication coupée de tout contexte, il se trouve toujours des gens pour dire : « Oh oui, mais aux USA, les gens pleurent aussi quand ils sont heureux. » C'est vrai. Mais le fait est que nous considérons comme « naturel » de pleurer quand on est triste et de rire quand on est heureux. Heureusement, comme je l'ai déjà noté, l'expression d'un schéma formel peut revêtir divers aspects. Chaque individu concerné connaît les limites et tant qu'elles ne sont pas franchies, les variations permises sont considérables. La principale différence entre les Allemands et les Autrichiens illustre ce point. En référence aux restrictions qu'il impose, l'Allemand tend à être technique, l'Autrichien formel. Par conséquent, l'Autrichien semble plus à l'aise. En fait, il est beaucoup plus détendu vis-à-vis d'un certain nombre de choses. Il jouit d'une liberté réelle pourvu qu'il ne franchisse pas les limites fixées avec précision. De leur côté, les Américains ont peu de restrictions techniques ou formelles ; elles sont plutôt informelles. Cela signifie que les Américains peuvent être refoulés parce qu'ils ne peuvent établir de manière explicite quelles sont les limites. Ils ne peuvent le faire que lorsque ces limites ont été franchies.

J'ai déjà parlé des différences entre les Américains et les Arabes en ce qui concerne l'art du marchandage. L'exemple vaut d'être analysé plus en détail. Le schéma américain du marchandage s'appuie sur le principe que chaque partie s'est fixé un prix minimum et un prix maximum qui sont tenus secrets (le prix qu'on aimerait recevoir ou qu'on ne veut pas dépasser). La fonction du marchandage est de découvrir, si possible, quels sont les point faibles de l'adversaire sans révéler les siens. L'Américain en visite au Moyen-Orient, projetant son propre schéma inconscient, dira :

«Quel pourcentage du prix demandé dois-je donner ? »
c'est-à-dire : «S'il demande dix livres, est-ce que cela
signifie qu'il en veut cinq ? » Cette procédure n'est pas
seulement inadéquate : elle peut avoir une issue
malheureuse. Le principe à retenir n'est pas que
chaque partie a fixé un prix minimum et un prix
maximum ; mais qu'il existe *un* point principal situé
quelque part au milieu. Tout comme la cote des
denrées sur nos marchés, ce point est déterminé, non
par les protagonistes, mais par le marché ou la
conjoncture. L'une des notes principales de ce shéma
est que le prix n'est jamais déterminé par l'individu,
ou ses désirs, mais par un ensemble de circonstances
connues des deux parties. La négociation se déroule
donc autour d'un pivot central. Celui qui ignore la
position du pivot s'expose à perdre la face ou à se
faire exploiter de la pire manière.

Le problème est le même, qu'il s'agisse d'une
gourde dans un bazar ou d'un barrage hydro-électrique
sur le marché international. Le schéma demeure constant. Au-delà et en deçà du point central, il existe une
série de points qui révèlent l'état de chacun des
protagonistes lorsqu'ils entrent en action.

Voici comment un Arabe de Damas décrivait sa
procédure. Le point-pivot était six piastres, prix de la
gourde à vendre ce jour-là. Au-delà et en deçà, il y
avait quatre points. Chacun des quatre points supérieurs pourrait être le prix demandé au départ par le
vendeur. Chacun des quatre points inférieurs représente l'offre de départ de l'acheteur. On trouvera sur
l'échelle ci-dessous, en face de chaque prix, la signification implicite ou cachée du code. Cette signification
n'est pas exacte, mais elle est représentative de
l'attitude des deux parties lorsque commence le marchandage.

Piastres

12 ou plus	ignorance complète de la part du vendeur,	
10	insultes, controverses et affrontements. Le vendeur ne veut pas vendre,	prix demandés au départ par le vendeur
8	vendra, mais continue quand même le marchandage,	
7	vendra l'objet au-dessous de sa valeur réelle,	
6	*valeur marchande de l'objet (pivot),*	
5	l'acheteur veut avoir la gourde. Paiera au-dessus de la valeur réelle,	
4	achètera,	prix offerts au départ par l'acheteur.
3	discussion, affrontements,	
2	l'acheteur ne veut pas acheter,	
1	l'acheteur ignore complètement la valeur de l'objet.	

Quand on voit le changement de signification qu'entraîne une variation d'une piastre, la question « Quel pourcentage du prix demandé dois-je offrir ? » devient absurde. Quel prix demandé ? Le prix affaire-conclue, le prix affaire-non-conclue ou le prix mettons-nous-en-colère ? Certaines des variations de ce schéma comprennent cinq ou six points en deçà et au-delà du pivot, chacun ayant sa signification particulière.

On ne peut sous-estimer l'importance de tels schémas ni l'influence qu'ils exercent sur les gens à tous les niveaux. Parlant de notre place en Égypte pendant et immédiatement après le fiasco du barrage d'Assouan, et avant que notre position au Moyen-Orient ait pris une mauvaise tournure, un Arabe sympathisant s'exprimait ainsi : « Si vous ne concédez rien durant le marchandage, l'autre montera. S'il recule de deux échelons, vous devez reculer de deux échelons. Si vous ne le faites pas, il montera de quatre échelons. » Nous n'avons pas cédé nos deux échelons et Nasser est monté de quatre.

Si des événements de cette importance dépendent

de la compréhension de si petits détails, il semble clair que l'un des développements les plus prometteurs de l'analyse interculturelle concerne les recherches qui aboutiront à la prise de conscience des schémas informels. Par bien des côtés, cette tâche est l'une des plus pénibles, délicates et difficiles qui soient. Même le plus entraîné des informateurs est incapable de décrire les schémas informels, même s'il est parfaitement lucide et a grandi dans une culture donnée. Le spécialiste travaille dans le noir, échafaudant des hypothèses sur ce qu'il croit être des schémas du comportement cohérents ; puis il éprouve ces hypothèses jusqu'à ce qu'il soit sûr d'avoir trouvé la bonne. Ce genre de recherches est très fructueux, parce que la découverte est vraiment significative. Une fois que le schéma informel a été décrit précisément, d'autres individus d'une même culture peuvent le comprendre très vite, puisque ce schéma est déjà acquis. Tout ce que fait le spécialiste en l'explicitant revient à « l'exprimer en mots ». S'il le fait correctement, les schémas informels seront enseignés facilement et efficacement.

La plupart des difficultés que rencontrent nos écoles viennent en fait de ce que les professeurs tentent d'inculquer et d'enseigner des schémas qui n'ont été analysés que partiellement ou de manière inadéquate. Dans beaucoup d'exemples, les descriptions techniques sont radicalement inadaptées aux faits. Au lieu d'être familier à l'enfant, tout ce qui l'entoure lui est décidément hostile. En fait, la majeure partie de ce qu'il entend est en contradiction avec ce qu'il a appris hors de l'école. La majeure partie de ce qu'on enseigne sous le nom de « grammaire » entre dans cette catégorie. La différence entre *can* et *may*[1], que tant

---

1. *Can* = pouvoir (être capable de...) ; *may* = pouvoir (avoir la permission de...), être probable (pluie, etc.). Ces deux mots sont souvent utilisés l'un pour l'autre dans le langage courant. *(N.d.T.)*

de professeurs tentent d'inculquer à leurs élèves, en
est un exemple. Il semble que cette distinction se soit
développée d'abord de manière informelle, tout en
étant liée au sexe ; les hommes et les garçons disaient
can ; les filles et les femmes disaient *may. May*
semblait naturellement plus stylé aux femmes et elles
insistaient pour le faire accepter aux hommes tout en
babillant sur le possible et l'impossible. A présent, les
femmes tentent de ressembler aux hommes et les
hommes accomplissent beaucoup de tâches féminines ;
la notion de pouvoir-avoir la permission est si confuse
qu'il est presque impossible d'en déduire des règles.
Chacun de ces deux verbes s'applique à un nombre
élevé de situations.

La distinction entre ces deux verbes, en anglais,
illustre l'un des types de schémas informels qui
existent dans cette langue. Un autre type de schéma
est lié à ce que les spécialistes appellent le *superfixe*,
identifié par Trager. Le lecteur est familier des pré-
fixes et suffixes qui se greffent au début ou à la fin
des radicaux. Le superfixe, comme son nom l'indique,
va au-delà de l'expression ou la dépasse.

En identifiant le superfixe, Trager a fait passer toute
une catégorie de faits grammaticaux ou autres de
l'informel au technique. Cet ensemble de vocalisations
significatives, mais mal définies, connues sous le nom
d' «intonations», ont commencé à s'éclaircir après
l'identification du superfixe. La différence entre l'adjectif et le nominal est mise en lumière par l'usage des
superfixes, en l'occurrence le degré variable d'insistance ou de force dans la voix. Par exemple, en
anglais, dans le langage parlé, la différence entre
«greenhouse» (serre où sont cultivées des plantes
vertes), et «Green House» (la maison de M. et Mme
Green), est uniquement fonction des variations de
l'accent tonique. Le français ne partage pas ce schéma
et ne peut pas saisir la différence entre ces différen-

tes sortes de prononciation. Les nouvelles règles de la grammaire anglaise, lorsqu'elles apparaissent, décrivent les adjectifs en référence au schéma de l'accent tonique lié à d'autres détails.

On ne doit pas reprocher aux anciens grammairiens de n'avoir pas analysé les schémas informels du langage ou d'avoir fait des analyses insuffisantes. Toutefois, il faut distinguer entre trois types de schémas de manière à soutenir notre système d'éducation défaillant et à ramener la paix dans l'esprit de nos enfants. On peut enseigner et apprendre ces trois types, mais de manière chaque fois différente. Comme nous l'avons dit, le meilleur moyen d'apprendre un schéma informel est de choisir un bon modèle et de l'imiter aussi parfaitement que possible. Rappelons que les schémas formels sont appris à l'aide de principes et de conseils. Les schémas techniques s'énoncent.

Après avoir isolé les trois types de schémas principaux, Trager et moi avons découvert que tout semblait régi par trois lois : *l'ordre, la sélection* et *l'harmonie*. Il faut insister sur le fait qu'il peut exister d'autres lois régissant la formation des schémas. Ces lois restent à découvrir. Celles dont nous allons parler constituent une première étape.

L'ordre

Les lois de l'ordre sont des règles qui dictent les changements lorsque l'ordre est menacé. La phrase «le chat attrapa la souris» a un sens évidemment différent de celle «la souris attrapa le chat». Au Moyen Age, le fait que l'ordre de l'office fût inversé lors des messes noires était un grand péché. Quiconque est rompu à la pratique de la communication est familier de l'effet produit par la réorganisation des séquences de mots, des phrases et des paragraphes. En deçà de la phrase, l'ordre dans lequel sont placés les sons est la base de la formation des mots. Les mots dont le sens est le même si on les lit à l'endroit ou à l'envers sont une plaisante aberration de la loi de l'ordre verbal, de même que les mots qui, lus à l'envers, ont un sens. L'ordre est utilisé différemment par des cultures différentes. Pour nous, c'est une partie fondamentale du système grammatical. Il faut noter que si l'ordre est d'une importance cruciale au niveau de la phrase en anglais, il n'en va pas de même pour des langues comme le latin ou l'ancien anglais de l'époque d'Alfred. En plus du langage, l'ordre a une grande importance dans d'autres systèmes culturels : ordre de naissance, ordre d'arrivée, ordre de la file qui attend les tickets. L'ordre entre en jeu dans le service des repas. Imaginez ce que serait un dîner qui commencerait par le dessert, puis les pommes de terre, les hors-d'œuvre, le café, la salade et enfin la viande.

L'ordre entre en jeu dans toutes les activités de cultures comme la nôtre. Pourtant, dans d'autres cultures, les activités dans lesquelles l'ordre est important peuvent être représentatives des différences schématiques fondamentales entre deux cultures. Les maîtresses de maison qui ont dû former des domestiques à l'étranger connaissent trop bien la difficulté qu'il y a à leur inculquer les schémas d'ordre américains, l'ordre de service des plats ou l'horaire hebdomadaire du ménage. Tous ceux qui ont entendu les récits d'Américains ayant vécu à l'étranger connaissent cette anecdote au cours de laquelle un domestique apparaît soudain avec un gâteau d'anniversaire scintillant de bougies en plein milieu du repas. En bref, le point culminant des événements varie d'un bout à l'autre du globe.

La compréhension de l'ordre des variations est l'un des facteurs principaux pour qui travaille outre-mer. L'Américain sait que, dans son pays, l'ordre dans lequel les gens arrivent au restaurant est censé déterminer le moment où ils seront servis. L'ordre dans lequel on embauche les gens dicte le jour où commencent leurs fonctions. Pour les Américains, être le premier est signe de mérite. Si un Américain, assis depuis un certain temps dans un restaurant, voit que l'individu qui vient d'arriver est servi avant lui, sa tension risque de monter. Pourtant, dans beaucoup de pays d'Europe, l'ordre, dans ce genre de situation, est inconnu. Malgré tout, les lois de la sélection entrent en jeu ; c'est-à-dire que le service dépend de l'ordre social de l'individu concerné.

On trouve un autre type d'ordre dans des sociétés comme les Pueblos du Nouveau-Mexique et de l'Arizona, où l'âge (ordre de naissance) détermine le prestige, le statut social, le respect et la déférence. Le point essentiel est que les sociétés ordonneront ou bien les *gens*, ou bien la *situation*, ou bien la *position*, mais pas les trois à la fois.

La sélection

La sélection contrôle l'organisation des séries qui peuvent être utilisées ensemble. Nous disons *le* silence et *l'*armée. Nous disons «l'amour fou», mais aussi «les amours déçues». L'amour peut être grand, mais les amours sont toujours folles. Il n'existe pas de logique inhérente à la sélection. Tout ce qu'on peut dire, c'est que dans tel et tel cas, la sélection fonctionne de telle manière et détermine la catégorie dans son ensemble. Pourquoi, par exemple, devrions-nous

rouler à droite alors que les Anglais roulent à gauche ?
Comme le reste de la culture, les schémas sélectifs se
modifient avec le temps. Il y eut une époque où les
hommes portaient beaucoup plus de bijoux et de
vêtements fantaisistes que de nos jours.

Dans chaque schéma, certains points sont soumis à
la sélection, tout comme d'autres où c'est l'ordre qui
entre en jeu. Ce qui nous permet de connaître les
schémas, c'est le fait que la sélection et l'ordre n'y
interviennent pas de la même manière.

Nous avons dit que l'ordre jouait un rôle important
dans le schéma de nos repas. C'est également le cas
de la sélection, quoique son rôle soit différent. Le
petit déjeuner se compose habituellement de certains
aliments choisis dans une liste de denrées comes-
tibles : fruits et jus de fruits, céréales, baies, jambon,
saucisses, œufs, crêpes, gaufres, petits pains, toasts,
beurre, confitures, café, thé ou lait. Selon les régions,
certains aliments s'ajoutent à cette liste — comme les
soupes chez les paysans ou le poisson chez les
pêcheurs. Certains habitants de la Nouvelle-Angleterre, ainsi que les gardiens de troupeaux de l'Ouest
mangent encore, bien que leur nombre diminue, un
steak frites au petit déjeuner. Le menu ne comporte
pas de chateaubriand, soupe de tortue ou moules
marinières.

Partout, la sélection joue un rôle déterminant dans
les schémas de relations sociales, en ce qui concerne
le vêtement, le sexe, le travail et le jeu — en fait, tous
les systèmes de communication primaires fondamentaux. Il est très facile de savoir quand la sélection
entre en jeu, en cherchant si une chose est liée à une
autre par la tradition alors que tout autre élément
pourrait «logiquement» remplir la même fonction. La
loi de la sélection exige qu'une queue-de-pie s'accompagne d'une cravate blanche. Cette même loi exige
que la femme ou les parentes proches du président des

États-Unis vivent à la Maison-Blanche. Si j'ai choisi le terme «sélection», c'est parce que l'objet est «sélectionné» dans une catégorie. Lorsque la sélection entre en jeu, les limites qu'elle crée sont arbitraires. Généralement, on ne comprend pas le caractère arbitraire de la culture, parce que, dans d'autres domaines, elle fait intervenir une grande part de tolérance. La sélection est une exception majeure.

L'harmonie

Il est plus difficile de parler en termes précis de l'harmonie que de l'ordre ou de la sélection. Pourtant, ses implications peuvent être plus limitatives. Contrairement à l'ordre et à la sélection, qui sont liés à la schématisation des séries, la loi de l'harmonie peut se définir en tant que schéma des schémas. L'harmonie, c'est ce que l'écrivain tente de saisir avec le style qui lui est propre ; c'est ce que chacun voudrait réaliser tout au long de sa vie. Au niveau le plus élevé, la réaction de l'homme face à l'harmonie est liée à la frayeur ou à l'extase. L'harmonie totale est rare. On peut dire qu'elle se réalise lorsqu'un individu utilise toutes les potentialités d'un schéma. Le discours de Lincoln à Gettysburg en est un exemple. Le manque d'harmonie le plus total apparaît lorsque tout est tellement déphasé qu'un tel gâchis semble au-dessus des possibilités de l'homme.

L'absence d'harmonie dans l'habillement est toujours évident et souvent fort drôle — témoins ces nombreux dessins représentant des indigènes vêtus d'un pagne et d'un chapeau melon. Quand une culture emprunte l'architecture d'une autre, elle en prend les séries mais non le schéma. Témoins les pavillons de banlieue à colonnes grecques.

On tente souvent d'introduire l'harmonie à un niveau sans se préoccuper des perturbations engendrées à un autre niveau. Par exemple, les maîtres d'école reprennent l'élève qui parle du « plus unique », arguant que l'unicité n'est pas une question de degré ou de quantité. Ce qui se passe, c'est que l'instituteur emprunte un critère au niveau de la logique pour l'appliquer au niveau du langage. Le langage, c'est ainsi, fonctionne de telle manière que tout adjectif possède un comparatif et un superlatif. Mais si l'on se place au niveau de l'harmonie, le mot « unique » ne peut être utilisé que dans un certain contexte.

La plupart des plaisanteries sont basées sur la dysharmonie ; c'est pourquoi le lecteur (ou l'auditeur) doit posséder à fond une langue pour en apprécier les bons mots. S'il ne peut pas juger du degré de dysharmonie, il ne peut apprécier l'humour. [Ici, l'auteur raconte une histoire intraduisible qui met en scène une jeune femme de Brooklyn (quartier populaire de New York), se rendant au Grand Véfour local et commandant une douzaine d'huîtres d'un air de grande dame, en mélangeant les accents de Brooklyn et de Boston. L'auteur met en évidence le fait que non seulement elle mélange deux accents différents, mais passe des standards de la petite bourgeoise à ceux qu'elle considère comme significatifs de l'aristocratie.]

En littérature, l'harmonie à l'intérieur d'un schéma, ou le style, sont liés à la connaissance de ce qui peut ou non être réalisé à l'intérieur de ce schéma. La littérature des journaux et des revues est adaptée au médium et à tout ce qu'il implique. Si l'article est mauvais, c'est que le journaliste ne sait pas quelles sont ses possibilités à l'intérieur du schéma. Le style journalistique est un art. Cet art est difficile et ne se laisse maîtriser qu'après des années d'expérience. Le style du spécialiste est souvent dysharmonique car il mène le lecteur d'un niveau analytique à un autre pour revenir ensuite en arrière. Cette sorte de littérature, qui fait du lecteur un rustre qui s'écrierait « explique ! » prouve que le spécialiste a peur d'être mal compris ou d'offusquer les lecteurs. Il doit s'exprimer à plusieurs niveaux d'analyse à la fois, en ayant recours aux notes de marge et en limitant à l'extrême ses déclarations. Je dois dire pour la défense de mes collègues qu'apprendre à maintenir des distinctions entre différents niveaux, aussi bien que d'éviter la dysharmonie, est la chose la plus malaisée qui soit. Harry Stack Sullivan, qui a grandement contribué à la psychiatrie dans ce pays, raconte ses tentatives pour écrire un article, en disant que, tandis qu'il écrivait, l'individu qui commençait à se dessiner devant lui et appréciait son style était le résultat d'un croisement entre un parfait idiot et un critique paranoïaque ! Sullivan n'est pas le seul à avoir cette image de soi ; il reconnaît les difficultés et l'humour nécessaire pour se forcer à écrire sur un tel lit de Procuste. A propos des spécialistes, il reste à préciser que beaucoup sont préoccupés par l'énoncé d'affirmations précises, beaucoup plus que par l'écriture. Ils doivent se fier au fait que leurs collègues les ont compris. C'est pourquoi ils ont moins de facilités littéraires que les écrivains. Leur problème, c'est le conflit entre l'harmonie sur le plan scientifique et la dysharmonie littéraire.

Une chose semble certaine. Si les gens font preuve de sensibilité et d'harmonie à différents degrés, l'harmonie parfaite est rarement atteinte. Elle *rôde* dans chaque culture et l'homme ne la capture que lors de créations très rares. La caractéristique de l'art véritable est que l'harmonie qui s'en dégage est si grande que tout semble clair et simple, quand l'idée est si clairement formulée qu'on se demande pourquoi on ne l'a jamais formulée soi-même.

L'homme travaille à la perfection harmonique. Il est sans cesse attentif aux détails, aux séries et aux notes, au schéma global. Il s'agit habituellement de revenir encore toujours sur une même affirmation pour la rendre limpide, jusqu'à ce que tout soit approprié et qu'il n'y ait plus aucune entrave entre le message et son destinataire.

On pourrait croire que nous avons une connaissance profonde des schémas d'harmonie. En fait, on en est tout juste à définir le sujet en tant que champ d'analyse scientifique. La principale différence entre le concept d'harmonie et les préjugés très répandus concernant le génie créateur, c'est qu'on a toujours considéré l'œuvre artistique comme l'application de lois internes sans aucune référence au schéma culturel. Cela ne veut pas dire que l'artiste n'exerce aucun contrôle sur le «bon» ou le «mauvais» art. Il le contrôle effectivement. Il existe un lien très intime entre l'individu et le schéma global auquel il participe. Certains artistes sont plus sensibles que d'autres au manque d'harmonie et s'efforcent de réduire les tensions provoquées par la dysharmonie. Il est certain que c'est cette extraordinaire sensibilité à la dysharmonie que l'artiste transpose dans son œuvre. Il a un sens très aigu du travail à l'intérieur des schémas, qu'il invente pour la plupart, tout en étirant et en repoussant leurs limites sans jamais les franchir, ce qui enlèverait à l'œuvre tout attrait. L'artiste aime à jouer avec les schémas et chercher ce qu'il peut faire de ce matériau. Il le fait souvent dans le contexte de petits groupes d'individus concernés ou intéressés par l'influence de la culture, la tension et le changement. Parce que beaucoup d'artistes participent des variantes du schéma global que peu de gens partagent, on dit souvent qu'ils posent des jalons pour les autres, qu'ils «créent» de nouveaux schémas. Pourtant, la plupart savent que leur génie tient au fait qu'ils sont capables de prendre position de manière cohérente sur ce qui les entoure. Ils disent ce que chacun tente de dire ; ils le disent plus simplement, plus franchement ; ils le disent à propos.

L'artiste ne mène pas la culture ; il ne crée pas de schémas ; il tient le miroir dans lequel la société peut voir sa face cachée. Toutefois, nos connaissances sur le fonctionnement de l'harmonie sont si rudimentaires que nous sommes tout justes capables de dénoncer les aspects défectueux de la communication ; encore moins pouvons-nous dire en quoi ils pèchent. Pourtant, dans un débat international, on fait de graves erreurs en interprétant le simple fait de savoir si un participant est réellement en colère ou s'il fait semblant. Il ne faut pas s'étonner qu'il y ait des guerres ! La simple frustration qu'entraîne l'incompréhension donne parfois envie de frapper, dans l'espoir que le coup, au moins, sera compris. Il est pourtant évident que la race humaine peut faire mieux ; le besoin d'harmonie semble être aussi fort que l'instinct de survie au niveau physique. L'analyse de la culture permet déjà d'y voir plus clair. Elle peut avancer encore, encouragée par le développement des moyens de compréhension. Les domaines les plus prometteurs sont l'étude des schémas de nature informelle et le développement de nos connaissances vis-à-vis de l'harmonie et de ses ressorts.

9

Le temps parle :
son discours en Amérique

Au début de cet ouvrage, j'ai analysé dans ses grandes lignes le concept de temps en tant qu'élément culturel, dont la puissance de communication est aussi forte que celle du langage. Mon schéma conceptuel n'ayant pas encore été développé en détail, mon exposé était nécessairement confus. Maintenant que j'ai parlé des outils techniques qui nous permettent de sonder la nature, je puis revenir sur le concept de temps. Je parlerai de l'utilisation qu'en font les Américains, et je montrerai comment ils s'expriment à travers lui ; j'insisterai sur les détails et les subtilités révélés par une analyse approfondie. Certains de ces détails pourront être pour le lecteur la révélation soudaine que, parmi eux, il y a des choses qu'il connaît depuis toujours. C'est la réaction qu'il devrait avoir. L'analyse de notre propre culture explicite tout ce que nous tenons pour acquis dans la vie quotidienne. Mais le fait d'en parler modifie le lien qui nous y rattache. Nous entrons en résonance consciente et active avec ces aspects de notre existence que, trop souvent, nous tenons pour acquis et qui pèsent quelquefois très lourd sur nos esprits. Le fait d'en parler nous libère de leurs entraves.

Un pédiatre très connu aux USA a dit un jour qu'il fallait en moyenne un peu plus de douze ans à l'enfant pour maîtriser le temps. Cette estimation doit être quelque peu modérée. Les enfants de cet âge connaissent le fonctionnement de notre système-temps fondamental mais ne semblent pas encore avoir intériorisé les détails ou les implications émotionnelles du système-temps formel.

Pourquoi l'enfant met-il si longtemps à connaître le temps ? La réponse n'est pas simple. En fait, lorsqu'on commence à découvrir la complexité de ses implications, on peut se demander si l'on parviendra jamais à maîtriser les subtilités du temps.

Les trois systèmes dont j'ai parlé : formel, informel et technique, utilisent souvent le même vocabulaire. Ceci n'en facilite pas l'apprentissage pour l'enfant ou l'étranger. L'année, par exemple, est une partie *formelle* ou additionnelle de notre système. Elle comprend 365 jours et un jour supplémentaire tous les quatre ans pour les années bissextiles. C'est aussi 12 mois ou encore 52 semaines.

Informellement, nous pouvons dire : « Oh, cela prendra des années. » Il faut assister à la conversation et connaître la personne et le contexte pour savoir exactement ce que signifie le mot « années ». Cela peut être une question de minutes, de semaines, ou bien, réellement, d'années. Techniquement, l'année est encore autre chose. Elle n'est pas seulement divisée en jours, heures, minutes, secondes ; il existe différents types d'année de durée différente. Les minutes, les heures, les mois et les semaines sont également utilisés dans ces trois contextes. C'est uniquement par référence au contexte global que l'on peut savoir auquel des trois systèmes il est fait allusion.

Chacun se rappelle cette journée de son enfance qui tirait à sa fin ; alors, il demandait à sa mère : « Maman, dans combien de temps serons-nous arrivés à la maison ? » Et la mère répondait : « Dans un moment, mon chéri. Tu n'as qu'à être gentil et avant que tu aies pu t'en apercevoir, nous serons rentrés. Un moment, ça fait combien de temps? — C'est difficile à dire, tu sais. — Est-ce qu'un moment, c'est cinq minutes? — Parfois oui, mais pas toujours. Pour nous, ce sera un peu plus long. — Oh!»

A ce stade, l'enfant abandonne, du moins momentanément.

S'il existe trois catégories différentes de temps, chacune a ses propres subdivisions; ses notes, ses séries et ses schémas, ce qui fait qu'on trouve dans notre culture neuf types de temps. Heureusement, pour simplifier les choses, le profane n'a pas besoin de connaître le système technique en entier. Mais il lui importe que d'autres le connaissent.

Par exemple, le profane, pensant qu'il se réfère au technique, demandera à un astronome la durée exacte de l'année. Il découvre l'étendue de son ignorance lorsqu'il s'entend demander à quel type d'année il se réfère — l'année tropicale (365 jours, 5 heures, 48 minutes, 45,51 secondes plus une fraction) l'année sidérale (365 jours, 6 heures, 9 minutes, 9,54 secondes); ou l'année anomalistique (365 jours, 6 heures, 13 minutes, 53,1 seconde).

Notre système-temps formel est cette partie du système global réticente au changement et qui ne supporte pas l'intrusion d'autres systèmes. Pourtant, ce système formel que nous tenons pour acquis fut autrefois un système technique connu d'un petit nombre de prêtres sur le Nil, qui l'avaient perfectionné de manière à pouvoir prévoir plus précisément les crues annuelles.

Le temps formel :
séries, notes et schémas

Il est facile de découvrir le fonctionnement de nos séries-temps en les enseignant aux enfants. Le jour est une série formelle prodondément enracinée dans le passé. Il a deux notes fondamentales, le jour et la nuit, et se subdivise en matinée et après-midi ; il est ponctué par les repas, la sieste et autres situations récurrentes. Il y a 7 catégories de jours différentes : lundi, mardi, etc. Ils ont chacun une valeur différente : lundi, mardi, etc. Habituellement, l'enfant contrôle ces notions vers l'âge de six ans. A huit ans, la plupart des enfants apprennent à lire l'heure sur les pendules. On peut simplifier ce processus en leur expliquant qu'il existe deux sortes de temps (2 catégories de séries) : les heures et les minutes. Les heures — de un à douze — doivent être apprises de manière à pouvoir les reconnaître instantanément. Avant de connaître les minutes, l'enfant apprend que le quart d'heure est la note la plus utile pour lui. Il peut les saisir rapidement ; cinq heures et quart, cinq heures et demie, six heures moins le quart, commencent à avoir un sens pour lui. Les minutes ne devraient pas être enseignées d'abord en tant que notes, mais en tant que séries au nombre de soixante. Toutefois, pour simplifier la vie de l'enfant qui ne comprend pas encore les minutes, celles-ci se groupent en périodes de cinq minutes ; cinq, dix, quinze minutes après cinq heures, jusqu'à cinq heures cinquante-cinq. Enfin, les deux séries de séries se rejoignent en un seul système.

Tout habitant de l'Est ou du Middle-West des USA qui sait comment sa propre culture valorise le temps, peut faire la différence entre cinq minutes et dix minutes. C'est-à-dire que la période de cinq minutes est la plus petite série formelle. Cette durée n'est passée que récemment de l'état de note à celui de série. Il y a vingt ans, la période de cinq minutes était une note de type particulier dont la multiplication aboutissait au quart d'heure. Aujourd'hui, les gens savent si oui ou non ils sont en retard de cinq minutes ; si oui, ils s'excuseront.

Dans l'Utah, les Mormons ont développé l'idée de promptitude à un degré inconnu du reste du pays. Dans leur système, les minutes semblent être une série sacrée. Sur la côte Nord-Ouest, l'attitude traditionnelle vis-à-vis du temps s'est altérée ; elle n'est pas expérimentée de manière aussi intense qu'ailleurs. Dans le Nord-Ouest, la structure-temps est la même que dans le reste du pays, mais personne ne semble être contraint par elle. La différence principale, c'est que les habitants de cette région ignorent la note informelle d'urgence.

Formellement, nos jours commencent à minuit. Les périodes ponctuées par les repas, le sommeil et le réveil sont probablement les séries temporelles perçues le plus tôt par les enfants. La télévision accélère le processus par lequel l'enfant fait la différence entre, disons, dix-sept heures et dix-huit heures ; c'est en effet l'heure des émissions enfantines.

La semaine est également une série, introduite en tant que partie du système-temps technique des Égyptiens. Pourtant, elle n'est pas universellement reconnue. Le terme « quinzaine », comme beaucoup de survivances anglo-saxonnes, reste présent dans le système en tant que souvenir des anciens temps. C'est l'échéance des salaires des fonctionnaires et le rythme de publication de certains périodiques. Toutefois, ce terme devient archaïque et tombe lentement en désuétude. Le mois, comme le jour, est une série introduite depuis longtemps dans notre système-temps. On l'utilise pour les salaires, les échéances, les loyers, les rapports et les jugements en cour d'assises.

La saison est une série à la fois formelle et informelle. C'est probablement l'une des plus anciennes. On l'utilise pour les labours, les semis, les cultures et les récoltes, et aussi pour les périodes de repos du sol. Bien sûr, il existe de nos jours des séries correspondant aux périodes de chasse, pêche, ski, tourisme, ou Noël, et aussi l'été, l'automne, l'hiver et le printemps traditionnels. Il existe probablement des liens entre les saisons et les trimestres ; toutefois, le trimestre est lié au calendrier tandis que la saison, plus ancienne, est enracinée dans les changements climatiques et les activités liées à l'agriculture.

Les notes formelles sont difficiles à cerner. Comme toutes les notes, elles sont abstraites ; pourtant, on ne les a jamais analysées en détail, bien qu'elles constituent des abstractions formelles adéquates et adaptées. On les néglige souvent parce qu'elles semblent « naturelles ».

La liste des notes que je donne ci-dessous est très certainement incomplète. Elle inclut ce que j'appelle l'ordonnance, les caractères cyclique, synthétique et tangible, l'évaluation, la durée et la profondeur.

Une semaine est une semaine parce qu'elle comprend sept jours, mais aussi parce que ces jours se suivent dans un *ordre* fixe. L'ordonnance en tant que note formelle semble être une expression de *l'ordre* comme c'est le cas pour les lois de l'ordre, de la sélection et de l'harmonie. L'Occident a développé tout ceci. Cela signifie que, si nous n'avons pas perdu la trace de faits apparemment identiques, c'est que *nous ne les distinguons qu'au moyen de leur ordre.* La six millionième Ford devient un repère, de même que le cinquante millionième passager d'une ligne aérienne. Le premier-né, le premier président, la première position, l'ami numéro un ou le dixième dans une classe de mille prennent une signification à cause de leur ordre. Le septième jour est différent du premier ; le milieu de la semaine est différent de la fin, et ainsi de suite.

En grande partie, en ce qui concerne les événements récurrents, l'élément *cyclique* est considéré comme acquis. Un jour suit l'autre, une année, un siècle. Les cycles communs sont limités en nombre. Les séries cycliques de soixante (minutes et secondes), la semaine de sept jours, l'année de douze mois.

La *valorisation* s'exprime par notre attitude envers le temps auquel nous attribuons une valeur, et qu'il ne faut pas perdre.

Le *caractère tangible* s'exprime par le fait que nous faisons du temps une commodité. On peut l'acheter, le vendre, le gagner, le dépenser, le prendre, le gaspiller, le mesurer.

Pour ceux qui ont été élevés dans la tradition occidentale, le temps est une chose qui prend place entre deux points. En Occident, la *durée* est le principe implicite le plus répandu en ce qui concerne la nature du temps. Il nous semble inconcevable d'organiser la vie autrement, alors que nous sommes habitués à considérer cette note comme acquise. Pourtant, c'est l'une des merveilles de l'existence humaine que ces différences entre les cultures à propos d'un domaine aussi fondamental. Les Hopis, par exemple, sont aussi différents de nous en ce domaine que le jour de la nuit. Pour eux, le temps n'est pas une durée mais un ensemble de choses différentes. Il n'est ni fixé ni mesurable dans le sens où nous le concevons ; il n'est pas non plus une quantité. Il est ce qui arrive lorsque le blé mûrit ou que l'agneau grandit : une séquence d'événements caractéristiques. Il est le processus naturel qui entre en jeu tandis que la substance vivante fait tourner son propre manège. Par conséquent, pour chaque chose il y a un temps qui peut être altéré par les circonstances. On a vu pendant longtemps des maisons hopi dont le processus de construction était en marche depuis des années. Apparemment, les individus n'imaginaient pas qu'on puisse ou doive construire une maison en un temps donné, puisqu'ils ne pouvaient lui attribuer un facteur-temps interne comme ils le faisaient pour le blé ou les agneaux. Cette manière de concevoir le temps coûta au gouvernement des milliers de dollars en projets de construction, parce que les Hopis n'imaginaient pas qu'on puisse fixer une durée pour la construction d'une route ou d'une digue. Les tentatives visant à leur faire accepter des horaires étaient interprétées comme une marque de mépris et ne faisaient qu'aggraver la situation.

Nous avons déjà dit que, contrairement à certains systèmes africains, les composantes du système-temps américain — les minutes, les heures — devaient pouvoir s'additionner. L'Américain part du principe qu'il travaille avec un système *synthétique*. A la base, la raison pour laquelle le temps doit s'additionner vient du principe que nous avons affaire à un système et que l'univers est ordonné. Nous pensons que c'est la tâche de l'homme que de découvrir l'ordre et de le transposer par des modèles intellectuels. Notre tournure d'esprit nous pousse à synthétiser la plupart des choses. Nous nous trouvons en difficulté chaque fois que nous rencontrons des gens dont le système-temps n'inclut pas cette note de caractère synthétique. Il nous semble qu'il leur manque un de leur sens et qu'ils sont donc inconscients du rôle de la nature. Cette note de caractère synthétique est la base de notre préhension sur ce qui nous entoure.

Pour les Américains, la *profondeur* est une composante nécessaire du temps ; c'est-à-dire qu'il existe un passé sur lequel repose le présent. Pourtant, chez nous, cette note de profondeur est moins complexe qu'au

Moyen-Orient ou en Indochine. L'Arabe cherche ses
origines deux ou six mille ans en arrière. L'histoire
sert de fondement à la plupart des actions contemporaines. Il est probable qu'un Arabe ne commencera
pas un discours ou l'analyse d'un problème sans avoir
d'abord développé les aspects historiques du sujet.
L'Américain pose comme principe que le temps a une
certaine profondeur ; mais il considère ce fait comme
acquis.

La plupart des schémas formels du temps aux USA
semblent évidents au lecteur américain, bien qu'il ait
pu ne jamais y penser. Si les schémas formels n'étaient
pas reconnus si facilement, ils n'existeraient pas. Mais
je parlerai brièvement, pour le lecteur étranger, du
schéma formel américain.

L'Américain ne conteste jamais le fait que le temps
doit être planifié ni que les événements à venir doivent
s'inclure dans un horaire. Il pense qu'on devrait être
tourné vers le futur et non s'attarder outre mesure sur
le passé. Le futur de l'Américain n'est pas très
éloigné. On doit obtenir des résultats dans un futur
prévisible. Un ou deux ans ; au plus, cinq ou dix ans.
Les promesses de rendez-vous sont prises très au
sérieux. Il existe des sanctions pour ceux qui sont en
retard ou ne tiennent pas leurs engagements dans le
temps requis. On peut en déduire que les Américains considèrent comme naturel le fait de quantifier
le temps. Ils n'imaginent pas qu'il puisse en être autrement. L'Américain spécifie combien il faut de temps
pour faire telle chose : «Je serai là dans dix minutes.»
«Cela me prendra six mois.» «J'ai servi dans l'armée
pendant quatre ans et demi.»

Les Américains, comme beaucoup d'autres, utilisent
aussi le temps comme un lien entre les événements.
Les expressions *post hoc, propter hoc* (après cela, par
ce fait) sont toujours partie intégrante de la structure
traditionnelle de notre culture. Deux événements qui

se suivent immédiatement évoquent dans notre esprit une relation de cause à effet du premier au second. Si A vient d'être vu dans le voisinage de B qui est mort assassiné il y a quelques instants, nous faisons immédiatement le lien entre A et B ; réciproquement, nous avons du mal à faire le lien entre deux événements éloignés dans le temps. Ceci nous rend incapables, en tant que nation, d'envisager des projets à long terme.

Le temps informel : séries, notes et schémas

Le vocabulaire du temps informel est souvent identique à celui du temps formel ou technique, ce qui complique les choses à la fois pour l'enfant qui essaie d'apprendre la culture et pour le spécialiste qui tente de l'analyser. Des mots tels que minute, seconde, année, sont communs aux trois. Habituellement, le contexte renseigne l'auditeur sur le niveau où se place le discours. Il existe, bien sûr, des mots typiquement informels — et reconnus comme tels (un moment, plus tard, longtemps, etc.). Nous commencerons la description du temps informel par les séries, parce que c'est la série que l'on perçoit le plus facilement.

Lorsque quelqu'un dit « Cela prendra un moment », il vous faut le connaître personnellement, sans oublier le contexte global de sa remarque, avant de pouvoir dire ce que signifie l'expression « un moment ». En réalité, celle-ci n'est pas aussi vague qu'il y paraît et ceux qui possèdent les informations suffisantes peuvent en donner la signification. De plus, un homme dont le « moment » normal est de trente ou quarante-cinq minutes, revenant à son bureau après une heure d'absence, s'excusera et donnera les raisons de son

absence prolongée, même s'il a dit avant de partir que
«cela lui prendrait un moment» sans autre précision.
C'est la preuve qu'il est lui-même conscient des limites
dans lesquelles on peut étirer «un moment».

Le vocabulaire de base de l'informel est simple. Les
Américains ne font que huit ou neuf distinctions
différentes. C'est comme si l'on mesurait l'informel
avec un mètre extensible ou rétractable à l'infini mais
qui conserverait toujours ses degrés fondamentaux. La
plus courte durée sur l'échelle informelle est «l'événement instantané». Les distinctions secondaires qui
suivent prennent place entre «l'événement instantané» et «toujours» : très courte durée, courte durée,
durée moyenne (ni courte ni longue), longue durée,
très longue durée, et durée inimaginablement longue.
La dernière est parfois impossible à distinguer de
«toujours».

En général, le temps informel est vague parce que
de caractère situationnel. Les circonstances varient, et
avec elles le temps mesuré : on utilise les termes «le
plus longtemps», «pour toujours», «une éternité»,
pour décrire tout temps ressenti comme excessivement
étiré. Selon les circonstances, «l'éternité» peut être le
temps nécessaire au plongeur pour remonter à la
surface, ou bien une semaine ou deux passées loin de
la famille.

En ce qui concerne les rendez-vous d'affaires à l'Est
des États-Unis, il existe, informellement, huit étapes
temporelles en référence à la ponctualité et à la durée
des rendez-vous : un instant, cinq, dix, quinze, vingt,
trente, quarante-cinq minutes et une heure, en retard
ou en avance. En n'oubliant pas que les circonstances
varient, on peut distinguer pour chaque point de détail
un schéma du comportement légèrement différent ; et
chaque détail sur l'échelle a un sens différent. Pour la
durée des rendez-vous, une heure passée avec un
individu haut placé est différente de trente minutes

avec la même personne. On peut méditer sur la signification de cette remarque : « Il a passé plus d'une heure dans le cabinet de travail du président. » Chacun sait alors que l'affaire doit être importante. Considérons la phrase : « Il n'a pu nous accorder que dix minutes, et nous n'avons pas fait grand-chose. » Ici, le temps devient un message aussi direct et éloquent que les mots. Pour ce qui est de la ponctualité, aucun Américain sensé ne pensera faire attendre son associé pendant une heure ; ce serait une insulte grave. L'excuse importe peu, car il est difficile d'effacer les impressions d'un homme qui vient de faire le pied de grue pendant une heure dans un bureau annexe.

Même la période de cinq minutes est pourvue de subdivisions éloquentes. Lorsque deux personnes de statut social égal se rencontrent, celui qui a conscience d'être en retard ou en avance de deux minutes ne dira rien, car dans ce cas le temps n'est pas significatif. A trois minutes, on ne s'excuse toujours pas, on ne croit pas devoir en parler (trois est le premier chiffre significatif dans la série de un à cinq) ; après cinq minutes, on présente généralement de brèves excuses ; quatre minutes après ou avant l'heure fixée, la personne en retard ou en avance marmonnera quelque chose mais finira rarement cette phrase confuse. L'anecdote qui va suivre souligne l'importance des observations détaillées concernant les aspects de la culture informelle. L'ambassadeur américain dans un pays que nous ne nommerons pas avait mal interprété la signification du temps tel que l'utilisaient les diplomates locaux lors des visites. Dans leur système, une heure de retard équivaut à cinq minutes chez nous, cinquante à cinquante-cinq minutes équivalent à quatre minutes, quarante-cinq minutes à trois minutes et ainsi de suite ; c'est ce schéma que l'on utilise lors des visites officielles. Selon leurs règles, les diplomates locaux pensaient qu'ils ne pouvaient pas arriver à l'heure exacte, car leur ponctualité aurait été interprétée comme un signe de soumission vis-à-vis des États-Unis. Mais ils ne voulaient pas être impolis — une heure de retard serait trop ; ils arrivèrent avec un retard de cinquante minutes. L'ambassadeur réagit en disant : « Comment voulez-vous traiter avec des gens qui arrivent en retard de cinquante minutes et se contentent de marmonner de vagues excuses, sans même le faire correctement ? » Il ne pouvait pas réagir autrement, car aux États-Unis, un retard de cinquante minutes fait partie de la période d'insultes et se situe au dernier degré de l'échelle de l'attente. Pourtant, dans le pays dont nous parlons, ce retard n'était que raisonnable.

Les Arabes de l'Est de la Méditerranée sont un autre exemple de cette répartition du temps informel. L'Arabe opère moins de distinctions que nous. Notre échelle comporte huit points discernables ; la sienne n'en possède que trois. Les séries semblent être les suivantes : temps nul ; maintenant (temps présent), de durée variable ; et toujours (trop longtemps). Dans le monde arabe, on fait rarement la différence entre une attente longue et très longue. Simplement, les Arabes ne font pas cette distinction temporelle.

Le lecteur saisira le sens des notes-temps informelles en réfléchissant en détail aux périodes durant lesquelles il a eu l'impression que le temps passait très rapidement ou s'écoulait très lentement. Il lui sera également utile de discerner, dans la situation donnée, ce qui lui donnait cette impression. Il aura compris le fonctionnement du système américain lorsqu'il se sera demandé comment il pouvait distinguer, sans regarder sa montre, entre une durée très courte et un temps très long. Dans les paragraphes qui suivent, j'ai tenté simplement de formuler ce que tous nous savons sans jamais l'avoir exprimé clairement.

Quatre notes nous permettent de distinguer entre les

séries de durée mentionnées ci-dessous. Les plus difficiles à cerner sont : l'urgence, le monochronisme, l'activité et la variété.

L'impression que le temps passe rapidement ou lentement est liée à *l'urgence.* Plus le besoin est urgent, plus le temps semble traîner. Cela s'applique aussi bien aux besoins physiologiques qu'aux besoins culturels dérivés. Celui qui veut absolument réussir et atteindre le sommet de l'échelle sociale ressentira l'écoulement du temps avec plus d'angoisse que celui qui aborde le succès social de manière plus détendue. La mère dont le fils est malade et a besoin d'un médecin a l'impression que le temps passe très lentement ; de même pour le fermier dont la récolte dépérit faute de pluie. On pourrait citer encore beaucoup d'exemples. Toutefois, il est plus important de savoir ce que laisse de côté notre définition de l'urgence en tant que note temporelle informelle : 1. l'urgence, à différents niveaux d'analyse, est à la fois une série et un schéma ; 2. l'urgence telle que nous l'expérimentons nous distingue du reste de la culture européenne occidentale. Beaucoup d'Américains ayant voyagé à l'étranger y ont ressenti cette absence du sens de l'urgence.

Même l'urgence physiologique est ressentie différemment selon les pays. Dans beaucoup de cultures, les tensions se déchargent bien avant que soit atteint ce que nous appelons le seuil d'urgence critique. Aux USA, le besoin doit devenir critique lorsque les gens se décident à agir.

La répartition des toilettes publiques aux USA reflète notre tendance à nier l'urgence même lorsqu'il s'agit de besoins physiologiques naturels. C'est le seul pays que je connaisse où un individu sortant de chez lui ou du bureau est régulièrement malade parce qu'on a pris soin de bien cacher l'emplacement des toilettes. Pourtant, il est typique des Américains de juger les autres sur l'état de leurs canalisations. On entend presque l'architecte et le propriétaire parlant des toilettes d'un nouveau drugstore. Le propriétaire : « C'est du plus bel effet. Mais pourquoi les avoir cachées ? Il faudra une carte pour les trouver ! » L'architecte : « Je suis content que ça vous plaise. Nous avons beaucoup travaillé sur ces toilettes ; et ce carrelage était si difficile à poser ! Avez-vous remarqué les écrans d'aération anti-éclaboussures sur les lavabos ? Oui, c'est un peu difficile à trouver, mais j'imagine que les gens ne viendront que quand ils en auront besoin ; et alors ils peuvent demander aux vendeurs. »

Le *monochronisme* exprime l'idée de faire une seule chose à la fois. C'est l'une des caractéristiques de la culture américaine d'être *monochronique*. En tant qu'Américains nous trouvons déconcertant d'arriver, à l'étranger, dans un bureau où nous avions rendez-vous, pour nous apercevoir que celui que nous voulions voir est occupé à autre chose. Notre idéal consiste à centrer l'attention d'abord sur une chose et de passer ensuite à une autre.

Les Nords-Européens, et ceux d'entre nous qui participent de la même culture, font une distinction entre l'*activité* ou la non-activité d'une personne. En fait, nous distinguons entre les phases « active » et « dormante » de chaque chose. Je me réfère donc à cette note en termes de racine latine, en tant que note *agérique* (du latin *agere* — agir). Être assis, tenter de saisir le sens du soi, n'est pas considéré comme *faire quoi que ce soit*. D'où des remarques telles que : « Vous n'aviez pas l'air occupé, alors j'ai pensé que je pouvais m'arrêter pour vous parler un moment. » L'exception concerne la prière, dont les attitudes sont spécifiques et facilement identifiables.

Dans beaucoup d'autres cultures, celle des Navajos, des insulaires de Truk, des Arabes, des Japonais, et de la plupart des Indiens, être assis est un signe d'activité. On ne fait pas la distinction entre le fait d'être actif et de ne pas l'être. Il y a donc des cultures agériques et des cultures non agériques. Une culture est non agérique si elle ne fait pas de différence, lorsque quelqu'un dit qu'il « se fait tard », entre le fait que vous fassiez quelque chose ou non. Chez nous, il faut travailler pour avancer. On n'avance pas automatiquement. Dans les cultures dont nous venons de parler, cela n'est pas aussi important.

La *variété* nous permet de distinguer entre des intervalles tels qu'une courte et une longue durée, ou une longue et une très longue durée. La variété est le facteur de l'ennui, tandis que l'ennui dépend de la rapidité avec laquelle passe le temps.

Nous cherchons la variété dans nos occupations, nos violons d'Ingres, nos professions. Notre public « exige » une variété d'objets matériels, d'aliments, de vêtements, etc. Pensez un moment au fait que peu d'entre nous peuvent dire ce qu'il y aura au menu dans trois jours, sans parler de l'année prochaine. Pourtant, il y a des millions de gens qui savent exactement ce qu'il y aura au menu, si menu il y a. Ils mangeront la même chose qu'hier, avant-hier et aujourd'hui.

Il est pour nous très important qu'il y ait ou non de la variété dans notre existence. Par exemple, une jeune fille se plaindra à sa mère qu'il n'y avait pas de garçons au bal, entendez, pas de nouveaux venus. Nos exigences de variété et de nouveauté semblent dépasser celles de toutes les cultures contemporaines ou presque. Cela est nécessaire à une économie comme la nôtre. Si nous n'innovions pas constamment, notre expansion industrielle s'arrêterait.

Au niveau informel du temps, la distinction principale est entre la monotonie et la variété. Avec la variété, le temps passe vite. Ceux qui sont emprisonnés loin de la lumière, ne pouvant pas dire s'il fait jour ou nuit, semblent perdre tout sens de l'écoulement du temps. Ils sont désorientés et si la situation se prolonge, ils peuvent « perdre l'esprit ».

Comme c'était le cas pour l'activité, nous associons la variété aux événements extérieurs. Devenir adulte et prendre de l'âge, vieillir, n'est pas considéré chez nous comme une variété, excepté s'il s'agit de quelqu'un d'autre. Alors nous disons : « Il a beaucoup vieilli depuis la dernière fois. » Pourtant, pour les Pueblos du Nouveau-Mexique, vieillir constitue une expérience réelle, qui entraîne une importance plus grande dans la société et une part plus grande aux décisions. De ce point de vue, la variété participe naturellement de la vie ; c'est un aspect inhérent au soi, qui entraîne une conception de la vie différente de la nôtre.

Pour résumer cette analyse des notes-temps informelles, nous pouvons dire que les Américains déterminent par quatre moyens la durée relative : 1. le degré d'urgence ; 2. le fait de faire ou non plusieurs choses à la fois ; 3. le fait d'être occupé ou non ; 4. le degré de variété qui entre en jeu dans la situation. Parmi les notes informelles de la culture, on trouve les unités de base de la culture, sur lesquelles s'élaborent les valeurs et les lignes de force qui caractérisent une culture.

La schématisation informelle du temps est l'un des aspects les plus négligés de la culture. Ceci n'est pas le résultat de l'aveuglement, de la stupidité ou de l'entêtement des hommes, bien que leur capacité à s'accrocher aux schémas informels face à la plus flagrante évidence puisse les faire paraître tels.

Il semble impossible de participer de deux schémas à la fois. Comme je le montrerai plus loin, l'individu doit abandonner l'usage de l'un s'il veut se servir de l'autre. De plus, lorsqu'ils sont appris, et sus pour toujours, les schémas sont enracinés dans le comportement des groupes et des institutions. Ils indiquent les règles d'une action : ces règles sont apprises très tôt et l'individu qui les applique ou les enfreint est récompensé ou puni. Il n'est donc pas étonnant que les gens s'accrochent aux schémas de manière si tenace qu'ils n'acceptent aucun autre schéma.

Les schémas informels sont rarement, sinon jamais, rendus explicites. Ils existent de la même manière que l'air que nous respirons. Ils sont soit familiers et aisés, soit hostiles et mauvais. Les déviations vis-à-vis du schéma entraînent souvent d'intenses émotions, parce que les gens n'agissent pas «à notre manière». «Notre manière» est souvent appuyée par une rationalisation technique du genre : «Si vous arrivez cinq minutes en retard et avez fait attendre dix personnes, vous avez perdu presque une heure de leur temps.»

Aux États-Unis, la nature des degrés sur l'échelle du temps est affaire de schémas, de même que l'utilisation des intervalles entre les degrés. On respecte, dans toutes ses dimensions, l'espace compris entre deux degrés. C'est-à-dire que, comparativement à d'autres systèmes, l'étirement ou la distorsion permis entre les intervalles sont limités. C'est très tôt que nous sommes conditionnés à cette manière de voir le temps. Une mère dira : «Je croyais t'avoir dit que tu pouvais jouer avec Susan jusqu'à cinq heures. C'est l'heure de dîner. Qu'est-ce que ça signifie?» Plus tard, nous entendons le père dire à un ami : «J'ai promis à Johnny de travailler avec lui pendant une heure dans sa serre. Je ne pouvais pas m'en tirer à moins.» Et dans la vie d'adulte : «Monsieur Jones, c'est la troisième fois que M. Brown veut vous voir, et vous avez promis de lui accorder au moins une demi-heure pour parler de ce devis.»

Notre schéma permet peu de changer la position des «intervalles» une fois qu'ils sont fixés sur l'échelle; il ne permet pas non plus d'intervenir dans le contenu ou la position des degrés sur l'échelle du temps. Il est

difficile d'annuler un rendez-vous pris de dix heures à
onze heures pour discuter d'un contrat sans offenser
les gens, de même qu'il est difficile de parler d'autre
chose que du contrat durant l'entretien. Une fois
établi, l'horaire est presque sacré. Non seulement il
est inconvenant, selon les normes formelles de notre
culture, d'être en retard, mais c'est aussi une infraction aux schémas informels que de changer les horaires
ou les rendez-vous ou de jongler avec les agendas.

On n'a pas déterminé avec précision l'importance de
ce facteur dans d'autres cultures. Il y a toutefois des
cas où le contenu de «l'agenda» sur une période
donnée est traité tout à fait différemment. Au Moyen-
Orient, le refus d'une des parties de discuter du sujet
d'une réunion signifie souvent que l'interlocuteur ne
sera pas d'accord avec vous mais ne veut pas avoir à
repousser vos propositions ; ou simplement qu'il ne
peut discuter du sujet prévu parce que le temps n'est
pas encore venu de le faire. De plus, il n'aura pas
l'impression de vous offenser en ne faisant aucune
allusion au sujet à discuter lors de l'entretien.

Notre schéma implique une répartition préalable des
horaires. Généralement, nous n'aimons pas nous comporter, dans une situation semi-publique, en combi-
nant des horaires comme le font les Russes. Nous
partons plutôt du principe que les deux parties désirent
mettre au point le sujet commun, que sinon elles ne
se seraient pas déplacées et que l'affaire les touche
d'assez près pour y consacrer un peu de temps. Si cela
est vrai, on peut néanmoins penser que, chez les
Russes, la manière dont l'adversaire négocie chaque
détail de l'agenda renseigne son interlocuteur quant à
sa réaction possible durant les entretiens. Durant les
négociations préliminaires, notre affabilité est souvent
prise pour de la faiblesse, parce que, au lieu d'établir
de manière technique la répartition des horaires, nous
nous mettons d'accord, de manière informelle, sur les

points à reprendre. Ou bien l'adversaire s'imagine que nous nous avouons vaincus sur certains points alors que c'est tout à fait faux.

Nous avons dit plus tôt que le contenu et les limites d'une période de temps étaient sacrés. Toutefois, si le sujet de la discussion fait l'objet d'un accord unanime, ou s'il devient évident que personne ne peut s'entendre, alors la réunion ou l'entretien peuvent être abrégés. Ceci laisse souvent aux gens une impression bizarre. Chez nous, le schéma le plus répandu est que, une fois l'horaire établi, il faut l'utiliser comme prévu, même s'il s'avère que ce n'est ni nécessaire ni intéressant.

Nos habitudes déroutent l'Arabe. Il part d'un point et continue jusqu'à ce qu'il ait terminé ou qu'un événement se produise. Le temps est ce qui arrive avant ou après un point donné. Dans cette différence d'attitude entre l'Américain et l'Arabe, il faut retenir que le premier, contrairement au second, ne peut modifier la répartition des horaires sans enfreindre les normes. Chez nous, les divisions sont sacrées. Si nous avons consacré un temps donné à une activité, nous pouvons changer une fois, deux fois, lorsque nous tentons de savoir combien de temps exige cette activité. Nous ne pouvons pas avancer ou reculer continuellement les limites de nos horaires, bien que certaines activités exigent une souplesse de cet ordre. Ce schéma de l'immuabilité du temps s'applique à la plupart des situations, même les plus longues périodes, comme par exemple le temps qu'il faut pour achever une carrière universitaire.

Même à l'intérieur des USA, on trouve des exemples de schémas temporels très différents. Il existe des différences entre les familles et des différences entre les hommes et les femmes ; elles ont trait aux activités, au statut social et aux particularités régionales. De plus, il existe deux schémas de base en

Amérique ; ils s'opposent souvent l'un à l'autre. Je les appellerai le « schéma de repère-temps diffus » et le « schéma de repère-temps décalé », selon que la marge de tolérance se situe sur un point précis du repère-temps ou s'étale autour de manière diffuse.

En prenant l'exemple de deux groupes de gens expérimentant ces deux schémas différents, on peut observer la chose suivante : 8 h 30 est le repère-temps ; ceux qui appliquent le « schéma de repère-temps décalé » arriveront en avance, entre 8 h et 8 h 27 (en comptant avec précision), la majorité arrivant à 8 h 25 environ. Ceux qui appliquent le « schéma de repère-temps diffus » arriveront entre 8 h 25 et 8 h 45. Comme on peut le voir, les deux groupes n'empiètent pratiquement pas l'un sur l'autre.

Le lecteur peut se remémorer son propre comportement lors d'invitations en soirée. Une personne invitée à passer la soirée chez des amis « vers vingt et une heure » n'utilisera pas le « schéma de repère-temps diffus » employé dans la journée. Le schéma de « repère-temps déplacé » est impératif ; il ne tolère que dix ou quinze minutes de retard, et certainement pas plus de trente-cinq ou quarante minutes. S'il s'agit d'une invitation à dîner qui s'ouvre par un cocktail, la tolérance est beaucoup moindre. Il est permis d'arriver à dix-neuf heures cinq pour une invitation à dix-neuf heures, mais dix-neuf heures quinze est la limite extrême. La période de « murmures » commence vers dix-neuf heures vingt et, à dix-neuf heures trente, les gens regardent alentour et disent « Je me demande ce qui est arrivé aux Smith. » Il y a peut-être un rôti dans le four. A New York, il y a une grande différence entre un cocktail « de cinq à huit », où les invités arrivent entre dix-huit heures et dix-neuf heures trente et restent des heures, et une invitation à dîner où la tolérance est de dix minutes au maximum.

En ces termes, le déplacement du repère-temps est

fonction de trois choses : *a.* le type de circonstances sociales et le contenu du menu ; *b.* le statut social de l'individu rencontré ou visité ; *c.* l'interprétation individuelle du temps.

Quand, dans un bureau, on passe du repère-temps diffus au repère-temps décalé, les gens sont très étonnés. Ceux qui appliquent le schéma du repère-temps diffus ne se sentent jamais tout à fait à l'aise avec les autres. Les gens regardent ce déplacement comme le vol de leur statut professionnel. C'est-à-dire qu'ils *ont l'impression* d'avoir baissé dans l'estime du patron. Cela résulte de l'usage de ce même schéma en présence de dignitaires et lorsque la distance sociale entre les individus est élevée. Par contre, les partisans du décalage du repère-temps considèrent les autres comme des gens qui n'ont pas le sens des affaires, peu consciencieux et dépourvus de facultés d'organisation. Ils ressentent le manque de contrôle et se méfient de cette catégorie typique de gens qui sont si cavaliers vis-à-vis du fait d'«être à l'heure». Si beaucoup de scientifiques ne travaillent plus pour le gouvernement, c'est que l'on a persisté, en renforçant la sévérité des horaires, à vouloir leur faire accepter ce schéma du repère-temps décalé.

Localement, aux États-Unis, les attitudes vis-à-vis du temps sont, apparemment, infiniment variées. Toutefois, ces variations sont comparables à celles du discours, associées à chaque région. Chacun participe du schéma global qui nous permet de nous faire comprendre où que nous allions.

Dans l'Utah, où les Mormons, d'abord très techniques vis-à-vis du temps, ont développé des systèmes formels rigides insistant sur la promptitude, le schéma du repère-temps décalé s'accompagne de très faibles marges de tolérance. C'est-à-dire qu'on essaie d'arriver «à l'heure», ce qui signifie un peu en avance, et jamais plus d'une minute en retard. Comme il est préférable, selon leur système, d'arriver en avance plutôt qu'en retard, ils arrivent en avance par rapport au temps-repère, tout comme le personnel militaire. Le message exprimé aux Américains est que les Mormons sont plus consciencieux, vis-à-vis du travail, que l'Américain moyen.

Si l'on se réfère aux habitants du reste du pays, les habitants de la côte Nord-Ouest des USA se servent du temps de manière étrange. S'ils veulent que leur interlocuteur arrive à six heures trente, ils lui donneront rendez-vous à six heures en espérant qu'il sera là. Le détail des murmures et des excuses après quatre minutes de retard est étranger à beaucoup, et la plupart le rejettent.

Dans le Sud, par contre, on semble se conduire comme prévu ; les gens ralentissent la marche des choses en accordant aux schémas des marges de tolérance très larges. La déviation vis-à-vis du repère-temps est beaucoup plus grande que dans les villes du Nord-Est. La même chose se reproduit pour l'Ouest.

10

L'espace parle

Toute chose vivante possède une limite physique qui la sépare de l'environnement extérieur. De la bactérie et de la simple cellule jusqu'à l'homme, tout organisme possède une frontière perceptible qui marque son début et sa fin. Toutefois, sur l'échelle phylogénétique, on voit qu'il existe une autre sorte de limite non physique indépendante de la limite physique. Si cette frontière nouvelle est plus difficile à délimiter que la première, elle est tout aussi réelle. Nous l'appelons «le territoire de l'organisme». Le fait de revendiquer et de défendre un territoire est la territorialité. C'est le sujet de ce chapitre. Chez l'homme, cette notion devient très complexe et subit des variations énormes selon les cultures.

Tous ceux qui ont eu affaire aux chiens, particulièrement dans une ferme, sont familiers de leur attitude vis-à-vis de l'espace. D'abord, le chien connaît les limites de la «cour» de son maître et la défendra contre les empiétements extérieurs. Il y a également des lieux où il dort : un coin près de la cheminée, un coin dans la cuisine, ou dans la salle à manger s'il a le droit d'y entrer. En bref, le chien a fixé des endroits où il se rend de temps en temps selon les circonstances. On peut voir également que les chiens créent des zones autour d'eux. Selon sa relation vis-à-vis du chien et de la zone traversée, celui qui s'y introduit évoque une attitude différente lorsqu'il traverse les lignes invisibles significatives pour le chien.

Ceci est particulièrement évident chez les chiennes et leurs chiots. Si la mère possède une nouvelle litière dans une grange, elle fera de la grange son territoire. Si la porte s'ouvre, elle fera un léger mouvement ou changera de position dans son coin. Il peut ne rien se produire d'autre si l'intrus ne pénètre pas à plus de trois ou quatre mètres à l'intérieur de la grange. Puis la chienne peut lever la tête, ou se lever, ou se mouvoir en cercle et se recoucher lorsqu'une autre frontière invisible vient d'être franchie. On peut fixer l'emplacement de cette ligne en reculant et en observant les mouvements de tête de la chienne. Si d'autres frontières sont franchies, d'autres signaux apparaîtront : mouvements de la queue, grondement sourd ou grognements.

On peut observer des attitudes comparables chez les autres vertébrés : poissons, oiseaux, mammifères. Les oiseaux ont un sens très aigu de la territorialité. Ils possèdent des aires qu'ils défendent et où ils retournent chaque année. Cette constatation n'étonnera pas ceux qui ont vu un rouge-gorge revenir au même nid année après année. On sait que les phoques, les dauphins et les baleines utilisent toujours les mêmes aires de reproduction. On a vu des phoques revenir, un par un, chaque année sur le même rocher.

L'homme a développé son esprit de territorialité à un degré presque inimaginable. Pourtant, nous envisageons l'espace comme nous envisageons le sexe. Il est là mais nous n'en parlons pas. Et si nous le faisons, nous ne sommes pas censés être sérieux ou techniques sur ce sujet. L'homme, chez lui, est toujours prêt à vanter les mérites de « son fauteuil ». Beaucoup de gens, entrés dans une pièce où se trouvait un grand fauteuil confortable se sont dirigés vers lui pour s'arrêter soudain et dire à l'hôte en se tournant vers lui : «Oh, j'allais m'asseoir sur votre fauteuil.» La réponse, bien sûr, est habituellement polie. Imaginez que l'hôte laisse libre cours à ses sentiments réels et dise : «Mon Dieu oui, vous êtes assis dans mon fauteuil et je n'aime pas ça du tout.» Pour des raisons inconnues, notre culture tend à minimiser l'importance de l'espace ou à réprimer ou à dissocier nos sensations vis-à-vis de lui. Nous le reléguons dans l'informel et nous sentons coupables d'être en colère parce que quelqu'un d'autre a pris notre place.

La territorialité s'établit si rapidement que, lors de la seconde partie d'une série de conférences, on peut voir la majeure partie des assistants reprendre les mêmes sièges. Plus, si la place occupée la première fois par un assistant est prise par un autre, il s'ensuit une légère irritation. On sent vaguement qu'il va falloir chasser l'intrus. Celui-ci en est également conscient : il se tourne sur sa chaise ou lève la tête en disant : «Avez-vous un siège ?» et à ce moment vous mentirez en répondant : «Oh, non, mais ça ne fait rien, j'allais partir.»

Un jour, m'entretenant sur ce sujet avec un groupe d'Américains qui devaient partir pour l'étranger, je vis une femme très jolie, aux manières exagérément calmes, lever la main et demander : «Vous voulez dire qu'il est naturel que je me mette en colère lorsqu'une autre femme envahit ma cuisine ?» Je répondis : «Non seulement c'est naturel, mais beaucoup d'Américaines sont très attachées à leur cuisine. Même une mère ne peut pas faire la vaisselle dans la cuisine de sa fille sans importuner celle-ci. La cuisine est le lieu où s'installe "celui qui commande". Toutes les femmes le savent, et certaines peuvent en parler. Les jeunes filles, incapables de contrôler leur cuisine, seront toujours sous la coupe d'une femme qui se déplace sur cette aire.»

La femme continua : «Votre réponse me fait plaisir.

J'ai trois sœurs plus âgées qui viennent me voir de temps en temps avec ma mère ; régulièrement, elles se dirigent vers ma cuisine pour en prendre possession. Je voudrais leur dire de rester hors de ma cuisine ; elles ont la leur et celle-ci m'appartient ; mais chaque fois, je pensais que j'avais de mauvais sentiments vis-à-vis de ma mère et de mes sœurs, des sentiments que je n'aurais pas dû avoir. Votre réponse me soulage parce que je sais maintenant que j'avais raison. »

L'atelier du père est, bien sûr, un autre territoire sacré et respecté. De même que son bureau, s'il en a un.

Lorsqu'on voyage à l'étranger et qu'on étudie les différentes attitudes vis-à-vis de l'espace, on découvre d'étonnantes variations, auxquelles nous réagissons vigoureusement. Aucun de nous n'ayant appris à considérer l'espace indépendamment des autres associations, on attribue souvent à autre chose les réactions consécutives à l'utilisation de l'espace. Au cours de notre existence, nous apprenons littéralement des milliers de signes spatiaux dont chacun revêt un sens propre dans un contexte qui lui est propre. Ces signes «libèrent» des réactions qui s'établissent souvent de la même manière que les clochettes de Pavlov faisant saliver les chiens. On n'a jamais vraiment éprouvé la précision de la mémoire spatiale. Il y a toutefois des indices qui nous permettent d'affirmer qu'elle joue un rôle très important et durable.

Littéralement, des milliers d'expériences nous prouvent que l'espace est un moyen de communication. Pourtant, on ne serait pas pleinement conscient de cet état de fait si l'on n'avait pas réalisé la différence d'organisation spatiale de chaque culture. Les associations et les sensations éprouvées par un membre d'une culture ont, presque invariablement, un sens différent dans une autre culture. Quand nous disons que certains étrangers sont «entreprenants», cela ne signifie rien de plus qu'une association qui se fait dans nos esprits à propos d'une utilisation de l'espace différente.

Ce que l'on néglige souvent, c'est que la réponse est ici *in toto* et qu'elle y a toujours été. La question n'est pas de savoir si des gens bien intentionnés se sentent coupables parce que l'étranger est associé à une caractéristique relative à l'espace qui libère l'angoisse ou l'agressivité. Le principal est de savoir ce qui se passe et quelles sont les caractéristiques qui entrent en jeu. Plus loin, il faut tenter de savoir, si possible, si l'individu avait réellement l'intention de provoquer cette réaction particulière ou s'il voulait provoquer une autre attitude.

Découvrir les caractéristiques spécifiques d'une culture est une tâche difficile et laborieuse. Habituellement, il est plus facile, pour le nouveau venu, d'écouter les observations de ceux qui sont là depuis longtemps, puis d'éprouver ces observations à la lumière de sa propre expérience. Tout d'abord, il peut s'entendre dire : « Vous aurez beaucoup de mal à vous habituer au comportement de la foule. Lorsque vous voudrez acheter un billet de théâtre, au lieu de faire la queue et d'attendre leur tour, les gens tenteront tous de rentrer pour donner leur argent tous à la fois. C'est fou ce qu'il faut pousser et jouer des coudes simplement pour garder sa place. La dernière fois, lorsque je suis arrivé au guichet, il y avait cinq paires de bras autour de moi qui s'agitaient avec leur argent. » Ou bien, on lui dira : « Vous risquez votre vie dans les autobus. C'est pire que les couloirs du métro. Et de plus, les gens ne semblent s'apercevoir de rien. » Cette réaction vient en partie du fait qu'en tant qu'Américains, nous obéissons à un schéma qui nous interdit de toucher, sauf dans l'intimité. Lorsque nous nous trouvons dans un autobus ou un ascenseur bondé, nous nous « maîtrisons » car nous avons appris très tôt à éviter tout contact corporel avec les inconnus. A l'étranger, la libération soudaine de sensations contradictoires crée des situations confuses. Nos sens sont submergés par une langue inconnue, des odeurs différentes, des gestes, des signes, des symboles différents.

Toutefois, le nouvel arrivant est averti de ces différences par ceux qui ont vécu quelque temps à l'étranger. Maîtriser un accent spatial est aussi important, et parfois plus qu'éliminer un accent vocal. On pourrait donner au nouvel arrivant ce conseil : observez où les gens se tiennent et ne vous mêlez de rien. Cela vous semblera bizarre mais vous serez étonné du changement d'attitude des gens envers vous.

L'utilisation de l'espace dans les différentes cultures

Il y a plusieurs années, un magazine publia une carte des États-Unis tels que les voient les New-Yorkais. Les détails de New York étaient clairs et la banlieue nord décrite avec précision. Hollywood apparaissait, avec quelques détails, tandis que l'espace compris entre New York et Hollywood était presque entièrement vierge. Des villes telles que Phoenix, Albuquerque, le Grand Canyon, les Taos, le Nouveau-Mexique étaient entassés n'importe comment. Il était évident que le New-Yorkais moyen savait peu et se souciait encore moins de ce qui se passait dans le reste du pays. Le géographe y voyait une carte très déformée. Pourtant, pour celui qui étudie la culture, cette carte était étonnamment précise. Elle montrait l'image informelle qu'avaient les gens du reste du pays.

Lorsque j'étais étudiant à l'Université, j'habitais New York et mon propriétaire était un Américain d'ascendance européenne qui avait vécu toute sa vie à New York. Lorsque je quittai l'Université, il vint me voir et me regarda charger ma voiture. Quand je lui dis au revoir, il me répondit : «Un de ces dimanches, je mettrai toute la famille dans la voiture et nous irons vous voir au Nouveau-Mexique.»

La carte et la remarque du propriétaire prouvent à quel point les Américains personnalisent l'espace. Nous visualisons la relation entre les lieux que nous connaissons par expérience personnelle. Les endroits que nous n'avons pas visités et auxquels nous ne nous identifions pas personnellement ont tendance à rester confus.

Traditionnellement, l'espace américain commence par «un endroit», «un lieu», «un coin». C'est l'une des séries les plus anciennes, que l'on peut comparer au *lugar* espagnol, bien qu'elle soit un peu différente. Il sera facile au lecteur de trouver en quel sens ces expressions sont utilisées : «J'ai trouvé une place dans son cœur»; «il a trouvé un coin en montagne»; «je commence à me lasser de cet endroit», etc. Ceux qui ont des enfants savent combien il est difficile de leur faire accepter le concept global d'endroit — tel que Washington, Boston ou Philadelphie, etc. Ce n'est que vers cinq ou six ans que l'enfant américain commence à maîtriser les concepts fondamentaux d'endroits. Notre culture possède beaucoup d'endroits différents, englobant différentes catégories d'endroits.

Contrairement à ce qui se passe au Moyen-Orient, notre système se caractérise par d'infinies gradations lorsqu'on passe d'une catégorie d'espace à une autre. Dans le monde arabe, il y a des villes et des villages. C'est à peu près tout. La plupart des Arabes non nomades se considèrent comme des villageois. Les villages en eux-mêmes ont un nombre d'habitants variable, qui va de quelques familles à plusieurs milliers.

Aux États-Unis, le plus petit endroit n'est pas entièrement défini par des termes tels que hameau, village ou ville. Pourtant, on reconnaît immédiatement le concept de territorialité, parce que ces endroits ont toujours un nom. Il existe des aires, dépourvues de centre visible, où vivent des centaines de familles, comme Dogpatch dans les bandes dessinées.

Nos Dogpatch représentent le schéma de base américain, dans sa forme la plus simple. Ils sont faits de résidences éparpillées et sont dépourvus de centres d'habitations concentrées sur un endroit précis. Pour nous, l'espace comme le temps est diffus de sorte qu'on ne peut jamais en montrer le centre. Au-delà de ce stade, la définition des catégories d'endroits commence avec « la boutique en face », « le coin », et continue avec « le petit centre commercial », « le chef-lieu », « la bourgade », « la ville », « la métropole » et « métropolis ». Comme pour le reste de notre culture, y compris le système d'échelons dans la vie sociale, il n'y a pas de gradations claires lorsqu'on passe d'une catégorie à une autre. Les « degrés » sont de dimensions variées et il n'existe pas d'indice linguistique permettant d'évaluer l'étendue de l'endroit dont on parle. On dit de la même manière les USA, Nouveau-Mexique, Albuquerque, Pecos ; on les utilise de la même manière dans le discours. L'enfant qui apprend à parler n'a aucun moyen de distinguer, en écoutant parler les autres, une catégorie spatiale d'une autre.

Le plus étonnant, c'est que les enfants sont parfois capables de classer et d'identifier, à partir des rares données dont ils disposent, les différents termes spatiaux. Essayez de faire comprendre à un enfant de cinq ans la différence entre l'endroit où vous vivez, en banlieue, et la ville où votre femme fait ses courses. C'est une tâche difficile, car l'enfant, à cinq ans, ne saisit que l'endroit où *il* vit. Il apprend très tôt à reconnaître sa chambre, sa maison, sa place à table.

Si beaucoup d'Américains sont mauvais, à l'école, en géographie ou en géométrie, c'est que l'espace en tant que système culturel informel est différent de l'espace techniquement élaboré par la géographie ou les mathématiques. Il faut dire à notre décharge que d'autres cultures ont des problèmes similaires. Seul l'adulte très observateur peut prendre conscience du fait que l'enfant a de réelles difficultés à se familiariser avec l'espace. En réalité, il lui faut englober une vision indistincte de l'espace et isoler les points significatifs dont parlent des adultes. Parfois, ceux-ci sont inutilement impatients avec les enfants qui ne comprennent pas. Ils ne se rendent pas compte que l'enfant, qui entend parler autour de lui d'endroits différents, essaie de distinguer, d'après cela, ce qui fait la différence entre tel et tel endroit. Dans cette perspective, il faut remarquer que les premiers indices permettant à l'enfant de distinguer une chose d'une autre viennent d'intonations de voix différentes qui dirigent l'attention de manière à peine perceptible mais très importante. Comme nous parlons une langue très élaborée, nous avons du mal à nous rappeler qu'il fut un temps où nous étions muets et où l'ensemble du processus de communication se transmettait par l'intermédiaire des variations de l'intonation. Ce langage primaire fonctionne hors conscience; nous avons tendance à oublier le rôle primordial qu'il joue dans le processus d'acquisition des connaissances.

Pour approfondir l'analyse de l'apprentissage de l'espace par l'enfant, nous allons parler de sa conception de la route. D'abord, la route est tout ce sur quoi on peut rouler. Ceci ne signifie pas que l'enfant est incapable de dire si vous avez tourné trop tôt. Au contraire, il corrigera souvent une erreur de la part du conducteur. C'est simplement la preuve qu'il n'a pas encore décomposé la route en ses éléments; il fait la distinction entre deux routes de la même manière qu'il

apprend à distinguer entre le phonème *b* et le phonème
p dans leur position initiale en rapport au langage
parlé.

Dans cette description des routes, qui rend compte
des différences interculturelles, le lecteur se rappellera
que Paris, vieille ville et ville française, possède un
système d'identification des rues qui laisse perplexes
la plupart des Américains. La rue Saint-Honoré, par
exemple, se continue sous le nom de rue du Faubourg-
Saint-Honoré puis avenue des Ternes et avenue du
Roule. Toutefois, un enfant vivant à Paris n'a pas plus
de difficulté à apprendre ce systéme que l'enfant
américain le nôtre. Nous apprenons aux nôtres à faire
attention aux intersections et aux directions ; ils savent
que lorsqu'il se passe quelque chose — c'est-à-dire
lors des changements de direction — ils peuvent
s'attendre à ce que le nom de la rue change. A Paris,
l'enfant apprend que lorsqu'il dépasse certains repères
— une maison familière, une statue — le nom de la
rue change.

Il est intéressant et révélateur d'observer les très
jeunes enfants lorsqu'ils apprennent à se familiariser
avec leur culture. Ils remarquent rapidement que nous
donnons un nom à certaines choses et pas à d'autres.
D'abord, ils identifient l'objet globalement, ou la série
— par exemple, une pièce ; puis ils commencent à faire
attention à d'autres objets plus petits : livres, cendriers,
coupe-papier, stylos, tables. Puis ils apprennent que ce
sont les notes et les schémas qui leur permettent
d'utiliser la nomenclature des objets et l'espace. Les
aînés sont souvent de meilleurs sujets que leurs cadets
car, ayant appris par eux-mêmes, ils aideront le plus
jeune à apprendre sans l'aide des parents.

L'enfant, désignant un stylo, demandera : « Qu'est-
ce que c'est ? » Vous répondrez : « Un stylo. » L'enfant, pas très satisfait, dira : « Non, ça », désignant
avec insistance la plume du stylo. « Ça, c'est la plume

du stylo.» Puis l'enfant, bougeant très légèrement le doigt, dira : «Qu'est-ce que c'est?» et vous répondrez : «La plume.» Le processus se répète et vous dites : «C'est toujours la plume ; et ça, c'est la plume et ça, c'est encore la plume. Tout ça, c'est la plume du stylo. Ça, c'est la plume et ça, c'est la pointe et ça, c'est la cartouche et ça, c'est ce qui tient la cartouche.» Alors l'enfant désignera la cartouche et vous vous apercevrez qu'il cherche encore où sont les lignes de délimitation. Il essaie de découvrir que la cartouche a un haut et des côtés et rien de plus. Il apprend également qu'on ne peut pas exprimer la différence entre les deux côtés et qu'il n'existe pas de mots pour désigner les deux parties de la plume, bien qu'on distingue la tête et le corps du stylo. L'enfant peut en déduire que certains matériaux sont parfois différenciés, parfois non. Les limites des objets sont souvent importantes, tandis que la surface comprise entre elles reste ignorée.

La signification de tout ceci m'aurait sans doute échappé si je n'avais fait une expérience sur l'atoll de Truk. Après une série d'études technologiques détaillées, je progressai jusqu'à avoir besoin de la nomenclature du canoë et du bol en bois qui sert pour les aliments. A ce stade, je dus repasser par la même étape que l'enfant — c'est-à-dire, pensant que je possédais le schéma, désigner les différentes parties et demander si le nom était juste. Aussitôt découvert, leur système de découpage du micro-espace se révéla radicalement différent du nôtre. Les habitants de l'atoll de Truk considèrent les espaces ouverts, c'est-à-dire sans lignes de division (comme nous les connaissons) en tant que distincts. D'autre part, contrairement aux Occidentaux, ils n'ont développé aucune nomenclature pour les angles des objets. Le lecteur n'a qu'à se représenter le bord d'une soucoupe et le nombre de manières différentes pour en parler. Il y a le bord lui-même ; il peut avoir une section carrée, ronde ou elliptique. L'intérieur peut être droit, incurvé ou de couleur vive ; uni ou décoré, lisse ou taillé. Ceci ne signifie pas que les habitants de l'atoll de Truk ne conçoivent pas les bords ; mais simplement que nous parlons de manière spécifique de ce que nous faisons et que nos manières de parler de l'espace ouvert, contrairement à eux, sont limitées. Ce peuple dissocie ce que nous considérons comme « intégré » à l'objet.

La décoration ou le ciselage d'une extrémité quelconque d'un bol à soupe en forme de pirogue, sont considérés comme séparés et distincts du bord de l'objet dans lequel on a ciselé. Le ciselage existe en soi. Le long de la quille du canoë, le ciselage, appelé *chunefatch*, possède des caractéristiques dont il dote le canoë. Le canoë. est une chose, le chunefatch en est une autre.

Les parties lisses, sans signes particuliers, sur le côté du bol, ont aussi un nom. De telles distinctions dans la subdivision de l'espace rendent l'institution de droits nationaux incroyablement compliquée sur ces îles. Les arbres, par exemple, sont considérés comme distincts du sol sur lequel ils poussent. Il peut exister un propriétaire pour les arbres et un pour le sol.

Benjamin Whorf, soulignant à quel point les concepts spatiaux des Hopis se reflètent dans leur langage, remarque l'absence de termes pour désigner les espaces intérieurs, tridimensionnels tels que pièce, chambre, hall, passage, intérieur, cellule, cave, crypte, mansarde, grenier, cellier. Ceci n'empêche pas le fait que les Hopis possèdent des habitations dotées de nombreuses pièces dont ils se servent parfois pour des activités spéciales telles que stockage et mouture du blé, etc.

Whorf remarque également qu'il est impossible pour les Hopis d'ajouter un pronom possessif au mot qui désigne la pièce, et que dans leur esprit, une pièce au sens strict du terme, n'est pas un mot et ne fonctionne pas comme tel.

Vu la richesse des données concernant la force des sensations des Hopis vis-à-vis de leurs objets, il faut analyser le facteur de possessivité dans cette incapacité à dire «ma pièce». C'est simplement que leur langage est différent. On pourrait en déduire que les Hopis n'ont pas le sens de la territorialité. Rien n'est plus éloigné de la vérité. Simplement, ils conçoivent et utilisent l'espace de manière différente. Nous travaillons, à partir de points, de manière linéaire, ce qui ne semble pas être le cas chez les Hopis. Apparemment sans conséquences, ces différences ont causé de nombreuses migraines aux dirigeants blancs qui s'occupaient des réserves hopis au début du siècle. Je n'oublierai jamais le jour où, traversant en voiture un village situé au bout d'un mesa, je m'aperçus que quelqu'un construisait une maison au milieu de la route. Je découvris plus tard que le coupable (à mes yeux) était un homme que je connaissais. Je lui dis : «Paul, pourquoi construisez-vous votre maison au milieu de la route ? Il y a une multitude de bonnes terres de chaque côté de cette route. Les gens vont abîmer leurs pare-chocs en faisant le détour par les rochers pour atteindre le village.» Sa réponse fut brève et précise : «Je sais, mais c'est mon droit.» Il avait effectivement des droits sur une portion du terrain, bien avant que la route fût construite. Le fait que cette route fût en usage depuis des années ne signifiait rien pour lui. Le bon ou mauvais usage de l'espace tel que nous le concevons n'avait rien à voir avec ses idées de possession.

L'espace en tant que facteur
de contact culturel

Chaque fois qu'un Américain se rend à l'étranger, il souffre de ce qu'on nomme «le choc culturel». Ce choc est simplement le déplacement ou la déformation de la plupart des habitudes prises chez soi, par d'autres habitudes inconnues. Une grande partie des événements relatifs à l'organisation et à l'utilisation de l'espace nous permet de distinguer les habitudes spécifiques responsables du choc culturel.

Les pièces de la maison latine sont souvent distribuées autour d'un patio situé près de la rue mais caché aux étrangers par un mur. Il est malaisé de dire dans quelles proportions ces différences architecturales secondaires affectent l'étranger. Les techniciens de «Point Quatre» qui vivent en Amérique latine disent souvent qu'ils se sentent «en dehors des choses», qu'ils sont «rejetés». D'autres continuent à se demander ce qui se passe «derrière ces murs». Aux États-Unis, par contre, la proximité est la base d'une grande partie des relations. Pour nous, le voisin est réellement proche. Le statut de voisin nous dote de certains droits, privilèges et responsabilités. Nous pouvons emprunter beaucoup de choses, y compris la nourriture, mais en cas d'urgence il nous faudra conduire notre voisin à l'hôpital. Dans cette perspective, les voisins ont presque autant de droits sur nous que nos cousins. Pour ces raisons et pour d'autres, l'Américain essaie de sélectionner soigneusement ses voisins, car il sait qu'il va entrer en contact étroit avec eux. Nous ne comprenons pas pourquoi c'est justement lors des relations de voisinage à l'étranger que l'espace mitoyen ne se conforme pas à nos schémas. En France et en

Angleterre, par exemple, les relations entre voisins sont beaucoup plus froides qu'aux États-Unis. La proximité ne suffit pas à lier les gens. En Angleterre, les enfants ne vont pas jouer chez les voisins aussi facilement que chez nous. S'ils viennent, la chose est prévue un mois à l'avance comme s'ils avaient à traverser la ville entière, pour se rendre chez leurs voisins !

On peut citer un autre exemple, c'est celui qui concerne l'agencement des bureaux. La différence est grande entre le comportement des Français et le nôtre. Notre schéma global implique la division en parties égales d'un espace donné. Lorsqu'un nouveau venu s'installe dans un bureau, chacun déplacera sa table pour lui permettre d'être à l'aise. Ceci peut se traduire dans la pratique par le fait d'abandonner une place qu'on occupait depuis des années ou qui permettait de regarder par la fenêtre. Le fait est que l'ensemble des occupants s'ajuste volontairement à la nouvelle situation. En fait, c'est la preuve que, lorsque le mobilier a été déplacé, le nouvel arrivant est accepté par le groupe. Tant que cela ne s'est pas produit, le patron peut être sûr que le nouvel arrivant n'est pas encore accepté.

S'ils disposent d'une pièce relativement grande, les Américains se répartiront le long des murs, laissant le centre libre pour des activités de groupe telles que les conférences. Cela signifie que le centre appartient au groupe et est défini par une table ou un objet placé là pour utiliser et économiser à la fois l'espace. S'il n'y a pas de table de conférence, chacun déplacera sa chaise pour venir former une «masse» au milieu. Le schéma qui consiste à se déplacer pour se grouper en un point est symbolisé, dans le langage, par des expressions telles que : «J'ai dû adopter une nouvelle position sur ce point» ou «La position du bureau sur ce point est que...».

Contrairement aux Américains, les Français ne partagent pas leur espace de manière tacite et reconnue. Lorsqu'un nouveau collègue se présente, ils ne redivisent pas l'espace. Ils lui donneront à contrecœur un petit bureau tourné vers le mur dans un coin mal éclairé. Cette réaction est parlante pour les Américains qui ont travaillé en France. Nous pensons que le fait de ne pas «faire de place» revient à accentuer les différences dans le statut social. S'il n'y a pas redistribution de l'espace signifiant «nous vous admettons dans le groupe, vous pouvez rester», l'Américain se sent menacé et perdu. Dans les bureaux français, le personnage clé est celui qui se tient au milieu, contrôlant la bonne marche des choses. Le Français s'étend à partir d'un centre, ce qui fait que tous les étudiants, dans toute la France, suivent le même cours à la même heure[1].

Nous avons déjà dit que l'organisation est un élément important des schémas américains. En règle générale, lorsqu'il s'agit de services publics, nous pensons que les gens doivent attendre leur tour par ordre d'arrivée. C'est le reflet du schéma d'égalité fondamental dans notre culture. Cette ordinalité peut ne pas exister dans des cultures où entre en jeu un système de classe ou ce qui en reste. C'est-à-dire que lorsque la société assigne un rang pour certaines activités, ou lorsque interviennent des critères de sélection, le phénomène se reflète dans l'utilisation de l'espace.

Pour nous, c'est une vertu démocratique que de servir les gens sans référence à la place qu'ils occupent au sein de leur groupe de travail. On donne aux riches comme aux pauvres les mêmes occasions d'acheter ou de faire la queue. Devant le guichet du

---

1. Nous laissons à l'auteur la responsabilité de son affirmation. *(N.d.T.)*

théâtre, Mme Grodiamant n'est pas supérieure aux autres. Pourtant, si l'on excepte la Grande-Bretagne dont les schémas à ce sujet sont les mêmes que les nôtres, beaucoup d'Européens pensent que faire la queue est une atteinte portée à leur individualisme. Je me rappelle un Polonais qui eut cette réaction. Il disait que les Américains étaient des moutons et une telle passivité le poussait à se précipiter n'importe comment dans la foule qui attendait. Ces gens ne peuvent supporter d'être liés par la conformité d'un groupe comme s'ils étaient des robots. Les Américains considéraient que ce Polonais était « importun ». Il ne cachait pas qu'il nous trouvait beaucoup trop soumis. Il disait souvent : « Qu'est-ce que ça peut faire si dans la confusion certains sont servis avant d'autres ? »

Les schémas spaciaux formels

Selon les cultures, la schématisation de l'espace est plus ou moins importante et complexe. En Amérique, par exemple, aucune orientation n'est défavorisée par rapport à une autre, sauf au sens technique ou fonctionnel. Dans d'autres cultures, on s'aperçoit vite que certaines orientations sont sacrées ou préférables. Au Nouveau-Mexique, les portes s'ouvrent vers l'est ; les mosquées des musulmans sont orientées vers La Mecque ; les fleuves sacrés de l'Inde coulent vers le sud. Les Américains sont attentifs à l'orientation dans le sens technique ; mais formellement ou informellement, ils n'ont aucune préférence. Notre espace étant en grande partie aménagé par des techniciens, les villes et les grandes artères sont habituellement orientées selon l'un des points de la rose des vents. De même pour les routes et les autoroutes lorsque la topographie le permet, comme c'est le cas dans les grandes plaines de l'Indiana ou du Kansas. Cette schématisation technique nous permet de localiser des lieux précis à l'aide de coordonnées (un point sur une ligne). «Il habite au 1321 K Street, NO», nous révèle qu'il habite au nord-ouest de la ville dans le 13e immeuble à l'ouest de la ligne de division est-ouest et à onze immeubles au nord de la ligne de division nord-sud de la ville, du côté gauche de la rue, pas tout à fait à mi-chemin de l'ensemble d'immeubles.

A la campagne, nous dirons : «Prenez l'autoroute 66 pendant 10 kilomètres vers l'ouest jusqu'à ce que vous arriviez à une route pavée qui va vers le nord. Prenez cette route sur 7 kilomètres. C'est la deuxième ferme sur votre gauche. Vous ne pouvez pas vous tromper.»

Notre conception de l'espace tient compte de la limite des objets. S'il n'y a pas de limites, nous créons des lignes artificielles (5 kilomètres à l'ouest et 2 kilomètres au nord). Au contraire, les Japonais et beaucoup d'autres peuples travaillent à l'intérieur de surfaces. Ils les appellent des «espaces» et distinguent entre deux espaces ou entre les différentes parties d'un même espace. Pour nous, l'espace est vide ; nous y pénétrons en créant des lignes d'intersection.

Le schéma technique d'évaluation ou de détermination des positions semble avoir pour base l'informel. L'idée de position et de valeur fait autorité dans la plupart des aspects de notre vie, à tel point qu'un enfant de quatre ans est parfaitement conscient de ses implications et entre en compétition avec ses amis pour voir lequel est le plus fort.

Outre la valorisation des positions, le schéma américain met l'accent sur l'égalité et la standardisation des segments utilisés pour diviser l'espace, ou par lesquels l'espace est divisé, même s'il ne s'agit que d'un double décimètre ou de la subdivision des quartiers d'une banlieue. Nous aimons les éléments standards et égaux. Aux USA les grands ensembles ont des dimensions uniformes, alors que la plupart des villes étrangères sont constituées de quartiers de dimensions variables. On peut en déduire que ce n'est pas par hasard si la production industrielle, rendue possible par la standardisation des éléments, est apparue d'abord aux États-Unis. Certains diront qu'il y a des raisons techniques majeures à la production de masse et à la standardisation des éléments. Pourtant, si l'on en juge par des événements concrets, les Européens ont construit des automobiles — très valables au demeurant — dont les cylindres sont de taille différente. Cette différence n'était, bien sûr, que de quelques millimètres. Mais elle était suffisante pour qu'une voiture, réparée par un garagiste américain, étranger aux schémas européens dépourvus de la note d'uniformité, fasse trop de bruit et consomme trop d'huile.

Le Japon est également très attentif à l'uniformité, mais de manière différente. Toutes les nattes *(tatami)* sur le sol, toutes les fenêtres, portes, panneaux, sont habituellement de même dimension dans un quartier donné d'une ville japonaise. Dans les annonces immobilières des journaux, les dimensions sont données en termes de densité des nattes sur une surface donnée. Malgré cet exemple, les Japonais ont une vue des choses différente qui peut avoir des conséquences économiques considérables. Dans un cas, par exemple, ils fabriquèrent des éléments électroniques en série selon des schémas très stricts mais qu'ils pouvaient appliquer. Lorsque le produit fini arriva aux États-Unis, on s'aperçut qu'il y avait des différences entre les lots. Le client découvrit plus tard que, si le processus interne de fabrication avait été très bien contrôlé, les Japonais avaient oublié de standardiser leur calibre ! Ce n'est pas par hasard s'il existe aux États-Unis un Bureau des standards. Pour une grande part, l'adresse technique et la productivité de notre pays, que nous tentons de transmettre aux autres nations, reposent sur ces schémas implicites.

De quelle manière l'espace transmet-il le message ?

Les événements spatiaux donnent à la communication son intonation et son accent, et dépassent parfois le discours. Le flux de paroles et le changement de distance entre deux individus en interaction participent du processus de communication. Les distances normales entre étrangers lors d'une conversation illustrent l'importance de la dynamique de l'interaction spatiale. Si l'un des interlocuteurs s'approche trop près, la réaction est immédiate et automatique. L'autre recule. Et si le premier se rapproche de nouveau, le second, de nouveau, recule. J'ai vu un Américain reculer sur toute la longueur d'un couloir parce qu'un étranger, qu'il trouvait trop pressant, essayait de le rattraper. Cette scène s'est reproduite des centaines de fois — l'un essayant d'augmenter la distance pour être à l'aise, l'autre, pour la même raison, tentant de la réduire, et tous deux inconscients de ce qui se passe. Nous avons ici un exemple frappant du degré auquel la culture conditionne le comportement.

Ce qui nous déroute, et entrave notre compéhension de cultures différentes, c'est que parfois, dans notre culture, les gens sont soit distants, soit pressants, dans leur manière d'utiliser l'espace. Nous associons donc l'étranger au familier ; plus précisément, ceux qui agissent de telle manière que notre attention se fixe sur leurs actes. L'erreur est d'en conclure que l'étranger a les mêmes vues que l'Américain, même si, superficiellement, les actes sont identiques.

J'eus un exemple très précis de ce problème lorsque j'eus le plaisir de recevoir la visite d'un homme très distingué et cultivé, qui avait été pendant des années un diplomate en vue représentant un pays étranger. Après l'avoir rencontré de nombreuses fois, je fus impressionné par son extraordinaire sensibilité aux détails du comportement si significatifs dans le processus d'interaction. Le docteur X s'intéressait aux travaux que nous avions entrepris et me demanda s'il pouvait assister à une de mes conférences. A la fin de cette conférence, il s'avança vers la tribune pour parler d'un certain nombre de points évoqués dans l'heure précédente. Tout en parlant il se trouva engagé dans les implications de la conférence et de ses propres paroles. Nous commençâmes à nous faire face et, tandis qu'il parlait, je pris confusément conscience qu'il se tenait trop près de moi et que je commençais à reculer. Heureusement, j'arrivai à refouler mon impulsion première et à rester sur place ; en effet, rien dans son attitude n'exprimait l'agression si ce n'est la distance à laquelle il se tenait. Sa voix était vive, son allure décidée ; l'ensemble de son corps n'exprimait que l'intérêt et l'envie de parler. Je réalisai soudain qu'un individu si brillant dans une ancienne école de la diplomatie ne pouvait vraisemblablement pas se laisser aller à une attitude offensive envers son interlocuteur, si ce n'est hors du contrôle exceptionnel qu'il exerçait sur sa conscience.

Au cours de cette expérience, je me rendis compte que le fait de reculer s'accompagnait d'une modification du schéma d'interaction. Il avait de plus en plus de mal à s'exprimer. Si je reculais jusqu'à une distance confortable (environ 50 centimètres), il avait l'air désorienté et piqué au vif, presque comme s'il avait dit : « Pourquoi agit-il de la sorte ? Je fais tout

mon possible pour lui parler amicalement et voilà qu'il
se rétracte. Ai-je fait ou dit quelque chose de mal ? »
Après m'être assuré que la distance affectait directement sa conversation, je restai sur place, lui laissant
le soin de fixer cette distance.

Non seulement le message vocal est fonction de la
distance mais le sujet d'une conversation exige parfois
une utilisation spécifique de la distance. Il y a certaines choses dont il est difficile de parler si l'on ne
se trouve pas dans la zone d'interaction adéquate.

Il n'y a pas longtemps, j'ai reçu quelques graines et
des produits chimiques, accompagnés d'une notice
spécifiant que si je semais les graines, les produits
chimiques les feraient pousser. Connaissant peu de
chose à la culture sans sol, excepté le fait que la plante
doit être suspendue au-dessus du liquide où sont
dissous les produits chimiques, je me mis en quête
d'un pot de fleurs adéquat. Chaque fois que j'en-
trais dans un magasin, je devais, devant le regard
interrogateur du vendeur, m'étendre en explications
détaillées sur ce que je désirais et ce qu'était l'hydroponique.

Mon ignorance de l'hydroponique et des graineteries
engendrait des situations inconfortables, si bien que je
décidai de m'exprimer autrement que lorsque je parle
d'un sujet familier dans un environnement familier. Le
rôle de la distance dans la communication me revint
lorsque j'entrai dans un magasin dont le sol était
encombré de banquettes espacées de 50 centimètres
environ. De l'autre côté se tenait la propriétaire du
magasin. Lorsque j'entrai, elle tendit le cou par-dessus
les banquettes, éleva légèrement la voix pour atteindre
le registre adéquat et demanda « Vous désirez ? » Je me
lançai : « Je désire un pot de fleurs *hydroponique*
— Quel genre de pot ? » — toujours en tendant le cou.
A ce stade, je dus enjamber les banquettes pour
réduire la distance. Il m'était impossible de parler d'un

tel sujet, dans ce cadre, à une distance de 5 mètres. Lorsque je ne fus plus qu'à un mètre, je fus enfin capable de parler avec aisance.

Nous pouvons citer encore un exemple, familier aux civils ayant combattu durant la Seconde Guerre mondiale. L'armée, qui doit traiter de manière technique des sujets qui appartiennent habituellement à l'informel, se trompa sur la détermination des distances requises pour s'adresser à un supérieur. Chacun sait que la relation entre les officiers et les soldats comprend des éléments qui impliquent une certaine distance et un comportement impersonnel. Ceci s'appliquait aux officiers de statut différent dans leurs rapports de commandement réciproques. Les instructions à suivre lorsqu'on devait faire son rapport à un supérieur étaient les suivantes : l'officier de rang inférieur devait s'avancer jusqu'à trois pas du bureau de son supérieur, s'arrêter, se mettre au garde-à-vous, donner son nom, son rang et le sujet de sa visite : « Lieutenant X venu faire son rapport. » Voyons à présent quelles normes enfreint cette procédure et ce qu'elle exprime. La distance est trop grande d'au moins 60 centimètres et n'est pas adaptée à la situation. Dans les relations de travail, qui ont un caractère impersonnel, la distance entre les interlocuteurs va de 1,50 mètre à 2,40 mètres. La distance requise pour les rapports militaires se situe à la limite de ce que nous appelons « loin ». Elle évoque automatiquement le fait d'élever la voix, ce qui nuit au respect qu'on est censé témoigner à son supérieur. Il y a, bien sûr, beaucoup de sujets dont il est impossible de s'entretenir à de telles distances et les officiers reconnaissaient ce fait en mettant à l'aise le soldat, lui permettant de s'asseoir ou de s'approcher. Toutefois, l'impression première est que l'armée accomplit les choses avec rigueur.

Pour l'Américain, les variations de la voix sont liées à des changements de distance spécifiques :

1. *très près* . . . .   murmures, top secret.
   (10 à 20 cm)

2. *près* (25 à 35 cm).   murmure audible ; très confidentiel.

3. *rapproché* . . . .   à l'intérieur, voix douce ; à l'extérieur,
   (40 à 60 cm)   voix normale ; confidentiel.

4. *neutre* . . . .   voix douce, volume peu élevé ; infor-
   (60 cm à 1 m)   mation personnelle.

5. *neutre* . . . .   voix normale, information non person-
   (1,20 à 1,50 m)   nelle.

6. *distance publique*. . .   voix normale légèrement élevée ; infor-
   (1,60 à 2,40 m)   mation publique destinée à l'entourage.

7. *à travers la pièce*. . .   voix forte ; information à un groupe.
   (2,40 à 6 m)

8. *distances plus* . . . . . .   6 à 7,40 m à l'intérieur ; à l'extérieur,
   ou moins grandes   jusqu'à 30 m. A portée de voix
                                (adieux).

En Amérique latine, la distance d'interaction est beaucoup moins élevée qu'aux États-Unis. En fait les gens ne se sentent à l'aise pour parler que lorsqu'ils se rapprochent de la distance qui, aux USA, évoque le sexe ou l'agressivité. Il s'ensuit que lorsqu'ils se rapprochent, nous reculons et ainsi de suite. Ils pensent que nous sommes distants ou froids, renfermés et inamicaux. De notre côté, nous leur reprochons de nous souffler dans les oreilles, de nous envahir, de nous postillonner dans la figure.

Les Américains qui ont vécu en Amérique latine sans être conscients de ces attitudes vis-à-vis de l'espace s'adaptent autrement, en se barricadant derrière leur bureau, en utilisant des chaises et des machines à écrire pour sauvegarder entre eux et les Latins une distance qu'ils trouvent confortable. Le résultat est que le Latin risque d'enjamber les obstacles pour réduire la distance et se sentir plus à l'aise.

11

Relâcher l'étreinte

On a commencé, il y a presque un siècle, à comprendre la nature de manière profonde et scientifique. Pourtant, on continue à résister au concept de culture ou à l'ignorer, dans un monde qui a accepté beaucoup d'autres notions plus abstraites et plus complexes. Pourquoi ? Aussi étrange que cela paraisse, ce ne sont pas les différences entre cultures qui engendrent cette résistance. Ces différences sont habituellement acceptées. J'ai tenté, pendant des années, de communiquer mes découvertes fondamentales concernant la culture ; j'ai appris que la résistance rencontrée a beaucoup en commun avec la résistance que l'on éprouvait vis-à-vis de la psychanalyse à ses débuts ; si les concepts de culture (comme ceux de la connaissance) sont abstraits, ils s'avèrent, en fait, être intimement liés à la personnalité profonde. Ils touchent à des préoccupations si intimes que les gens les rejettent souvent alors même qu'ils commencent à en saisir les implications. Accepter pleinement la réalité de la culture aurait des conséquences révolutionnaires.

Afin de maîtriser les données complexes auxquelles nous confronte la culture, je l'ai analysée en tant que communication. Les implications de cette approche sont importantes pour l'analyse ultérieure mais n'offrent pas de voie toute tracée à la compréhension. L'univers ne livre pas aisément ses secrets ; la culture n'échappe pas à cette règle. La plupart des difficultés des gens entre eux se rapportent à la déformation de la communication. La bonne volonté, dont on attend souvent qu'elle résolve les problèmes, est souvent inutile parce que c'est le message qui reste incompris.

S'il peut élargir sa conception des forces qui soustendent et contrôlent sa vie, l'homme de la rue ne sera plus jamais sous l'emprise d'un comportement schématisé dont il reste inconscient. Lionel Trilling a comparé la culture à une prison. En fait, c'est une prison jusqu'au jour où l'on s'aperçoit qu'il existe des clés pour en ouvrir les portes. S'il est vrai que la culture lie les hommes de manière inconsciente, l'emprise qu'elle exerce n'est rien de plus que la routine des habitudes. L'homme n'a pas élaboré la culture pour s'étouffer lui-même mais comme un milieu dans lequel il se meut, vit, respire et développe son unicité particulière. S'il veut l'utiliser pleinement, il doit la connaître mieux.

Il ne faut pas prendre pour du conservatisme le fait d'être conscient de l'influence équilibrante de la culture sur notre existence. En fait, évaluer la nature et le but de la culture formelle devrait éventuellement nous permettre de réagir contre les affirmations des psychologues et des éducateurs qui, voulant à tout prix corriger les erreurs passées de ce système, insistent sur le fait qu'il ne faut pas frustrer les enfants, ne pas leur imposer de limites et adopter à leur endroit une attitude trop permissive. Être permissif signifie simplement que quelqu'un, par exemple un policier ou un juge, doit définir les limites au-delà desquelles on ne peut pas aller. Nous devons être conscients que chaque enfant doit connaître les limites, tout comme il doit savoir qu'il existe certaines choses sur lesquelles il pourra toujours s'appuyer.

Une compréhension réelle de la culture devrait réveiller en nous cet intérêt à la vie qui nous manque si souvent, aider les gens à savoir où ils sont et ce qu'ils sont et à se défendre contre les plus cupides, voleurs et opportunistes de leurs congénères. Ces derniers se servent du fait que le public est généralement inconscient de ces normes formelles communes qui donnent à notre société sa cohérence. Ces laissés-pour-compte, auxquels il manque la sécurité des bases de la culture formelle, veulent détruire le monde et construire le pouvoir autour d'eux-mêmes. Le cas du sénateur McCarthy est un exemple classique de ce genre d'opportunisme. Si les Américains avaient compris que les normes formelles ne sont pas individuelles mais collectives, ils s'éviteraient le maccarthysme dans toutes ses manifestations culturelles.

Le point le plus difficile à éclaircir est certainement que si la culture est imposée à l'homme, elle *est* également l'homme dans un sens très large. La culture fait le lien entre les hommes et leurs moyens d'interaction. La richesse significative de la vie de l'homme est le résultat de millions de combinaisons possibles engendrées par une culture complexe.

Comme je l'ai dit dans l'introduction, l'analogie avec la musique est utile pour comprendre la culture. Une partition musicale est semblable aux descriptions techniques que les anthropologues commencent à faire. Dans les deux cas, le système de notation, par exemple le vocabulaire, permet à l'individu de parler de ce qu'il fait. Musicalement, le processus qui consiste à écrire des notations sur la partition n'enlève rien à l'artiste mais lui permet simplement de transmettre à ceux qui sont absents ce qu'il fait lorsqu'il joue. Nous pouvons ainsi partager et sauvegarder un trait de génie qui, sinon, n'aurait atteint que ceux qui étaient physiquement présents lors du concert. Bach, Beethoven et Brahms seraient oubliés s'ils n'avaient pas eu le moyen de transcrire leur musique.

Tout comme les compositeurs, certains hommes

sont plus doués que d'autres. Ils affectent réellement ceux qui les entourent, mais le processus s'arrête là parce qu'il n'existe aucun moyen technique de décrire comment se passe cette affectation. Ce processus est, en effet, en grande partie inconscient. Dans un futur lointain, lorsqu'on aura analysé à fond la culture, il y aura des équivalents transmissibles des partitions musicales pour chaque type d'homme et de femme différent, pour des professions et des relations différentes, le temps, l'espace, le travail et le jeu. Nous voyons des gens heureux et qui réussissent, dont le métier est rémunérateur et productif. Quels sont les schémas, les notes et les séries qui différencient leur existence de celle des moins fortunés ? Il nous faut trouver les moyens de soustraire la vie au hasard et de la rendre heureuse. L'Amérique a beaucoup progressé dans ce domaine, comparativement à d'autres peuples comme les Arabes et les Turcs, par exemple.

Le professeur Daniel Lerner, sociologue à MIT, s'est aperçu, en interrogeant des Turcs, que l'idée d'accéder au bonheur ne signifiait rien pour eux. Il ne leur était jamais venu à l'esprit que le bonheur est un droit et qu'on peut chercher à en emplir son existence. Cela ne signifie pas que ces villageois n'étaient jamais heureux, mais simplement que leur culture n'incluait pas cette note.

Toutes les cultures ont développé des valeurs en regard de ce que j'ai nommé des systèmes de communication primaires. Par exemple, en ce qui concerne la bisexualité, ces valeurs sont centrées autour de types d'hommes et de femmes préférés ou non, des modèles idéalisés que suit chaque enfant du sexe opposé. La plupart de ces modèles sont formels, certains sont informels. Toutefois, la plupart des cultures n'appliquent rien de plus que des étiquettes sur les différents types de mâle ou de femelle qui serviront de modèle à leurs enfants. La société moderne com-

plique les choses du fait du nombre croissant d'alternatives proposées aux jeunes. On peut se faire une
idée de la complexité croissante de la vie en considé-
rant celle des Comanches dans les plaines de l'Ouest,
opposée à celle des Américains contemporains.

Le jeune Comanche savait qu'il n'avait que deux
choix possibles. Il serait guerrier ou travesti, c'est-à-
dire qu'il porterait des vêtements de femme et ferait
le travail d'une femme. Chacun savait clairement ce
que signifiait devenir guerrier et quelles qualités y
étaient associées. Si pour quelque raison le jeune
Comanche n'avait pas le courage ou la bravoure
nécessaires, la seule alternative possible était de s'ha-
biller en femme et d'enfiler des perles. Il n'y avait que
deux modèles pour les adultes dans la vie des Comanches : le guerrier et la femme. La vie dans la culture
américaine n'est pas si simple. On ne possède même
pas un inventaire satisfaisant des catégories d'hommes
et de femmes aux USA, bien que certains types soient
très connus parce qu'ils sont souvent mis en jeu par
les romanciers américains. Nous devons mieux connaître l'alternative qui s'offre à nous dans la vie
quotidienne, mais aussi le schéma global de la vie.

Je voudrais dire, aussi bien pour l'homme de la rue
que pour le spécialiste, qu'il me semble très important
de reconnaître et de comprendre les processus culturels. Nous avons moins besoin de bombes H et de
missiles que d'une connaissance spécifique de nous-
mêmes en tant que membres d'une culture.

Annexes

Schéma pour le sociologue

Pour le sociologue, l'intérêt de cet ouvrage repose sur huit idées liées entre elles :

1. La culture est communication et la communication est culture.

2. La culture n'est pas une chose mais un ensemble de choses. Il n'existe aucune unité de base ou particule élémentaire, aucune note particulière à toutes les cultures. Il existe toutefois dix bases culturelles ; toutes ont leur origine dans le passé biologique. Elles satisfont toutes aux critères sévères imposés par le modèle linguistique utilisé pour l'analyse de la culture.

3. L'étude des institutions et de leur structure, l'étude de l'individu et de ses composantes psychologiques n'entrent pas dans le cadre de l'étude spécifique de la culture présentée ici. Pourtant, ils y participent au niveau organisationnel.

4. L'homme opère sur trois niveaux : formel, informel et technique. Chacun est présent dans toute situation mais l'un domine toujours dans un instant donné. Le passage d'un niveau à l'autre est rapide et l'étude de ce passage est celle du processus de changement.

5. La culture est plus concernée par des messages que par des structures et des systèmes de contrôle. Le message comporte trois éléments : les séries, les notes et les schémas. Les séries sont perçues et constituent le point de départ de cette analyse culturelle. Leur nombre n'est limité

que par la combinaison schématique des notes qui les composent. On peut abstraire les notes des séries en comparant ces dernières au niveau des significations différentes. Des expériences contrôlées sont entreprises ; on cherche à savoir si le sujet distingue l'événement A des événements B, C, D, X, Y, etc., jusqu'à ce que toutes les distinctions opérées aient été isolées. Les notes sont limitées en nombre. Les schémas apparaissent et sont compris en tant que résultat de la maîtrise des séries et des notes dans un contexte signifiant. Les schémas sont également limités en nombre.

6. Il existe un principe d'indétermination dans la culture. Lorsqu'on les analyse en détail, les notes se transforment en séries et deviennent donc des abstractions. Plus l'observateur est précis sur un niveau, moins il le sera sur un autre. On ne peut analyser avec précision qu'un seul niveau à la fois, de même qu'on ne peut en décrire qu'un seul à la fois.

7. Il existe un principe de relativité dans la culture, tout comme en physique et en mathématiques. L'expérience est la projection sur l'univers extérieur de l'homme à mesure qu'il se détermine dans sa forme culturelle. L'homme altère l'expérience par sa vie. Il n'existe aucune expérience indépendante de la culture et à laquelle on peut mesurer cette dernière.

8. L'indétermination et la relativité culturelles sont des concepts difficiles à saisir pour l'homme de la rue. Ils signifient plus que le fait que ce qui est valable par rapport à un ensemble de standards puisse ne pas l'être par rapport à un autre. Ils signifient que dans chaque cas, il faut mettre en évidence les formules qui permettront au spécialiste de relier l'événement A_2 à la culture A_1 et l'événement B_2 à la culture B_1. Une analyse culturelle adéquate doit commencer par une analyse microculturelle au niveau des notes, une fois perçues les séries.

2

Un tableau de la culture

L'un des résultats secondaires de notre analyse de la culture en tant que communication est un tableau qui s'est avéré utile à un certain stade de nos recherches. Son développement nous a appris beaucoup de choses et c'est le seul tableau de ce genre qui existe aujourd'hui. Je le transmets à ceux qu'il peut intéresser.

Trager et moi sommes partis du principe que la culture a un fondement biologique et prend racine dans un certain nombre d'activités infraculturelles. Nous pouvions penser que c'étaient bien là les éléments de base de la culture, puisque tous les systèmes que nous développions satisfaisaient aux critères requis. Mais à quoi se résumait l'ensemble ? Étant donné ces systèmes, pouvait-on faire découler la culture d'une telle base ? Il faut se rappeler que l'un de nos critères relatifs aux systèmes culturels était que chaque système doit réfléchir tous les autres et être réfléchi par le reste de la culture. Ceci nous conduisit à établir un tableau qui rendrait compte des différentes combinaisons des Systèmes de communication primaires entre eux. Nous avons commencé par établir une grille à deux dimensions comprenant, à gauche les SCP et en haut, horizontalement, les adjectifs équivalents (voir tableau p. 224-225).

De cette manière, on pouvait voir les types d'activités résultant des différentes combinaisons des SCP, dans un tableau qui se révéla être l'équivalent culturel des tables périodiques de chimie. Nous avons pris deux SCP tels que subsistance et interaction et nous nous sommes demandé : « Quelles sont *les extensions économiques de l'interaction* et réciproquement, *les extensions interactionnelles de la subsis-*

tance? » Nous avons abouti à « échange » et « communauté écologique ». *Les schémas économiques de l'association et les schémas d'organisation de la subsistance* nous ont menés aux « rôles économiques » et aux « groupements corporatifs » ; *les conséquences de la subsistance au niveau de la connaissance* et *les résultats économiques de la connaissance* ont donné « la connaissance par le travail » et la « rémunération de l'enseignement et de l'apprentissage ». Dans certains cas, nous nous demandions ce qu'il fallait inclure dans une rubrique donnée. Les *schémas de défense et de territorialité* nous ont laissés perplexes un certain temps jusqu'à ce qu'il nous apparaisse que cela menait, bien sûr, à « l'intimité » au niveau individuel, tandis que les *schémas de défense territoriaux* sont liés à l'organisation du territoire en tant que partie d'un système de défense (barrières naturelles, telles que rivières, montagnes, canyons, forêts, etc.).

Puis nous avons découvert que lorsqu'on travaillait avec la grille, le schéma de l'analyse imposait ses propres règles. Tout ce que nous déterminions devait être cohérent avec tout le reste. Par exemple, nous avions pensé un moment que *l'extension récréationnelle de l'interaction* était le « plaisir » mais le schéma d'ensemble du tableau, ainsi que certaines cases qui renvoyaient à elles-mêmes révélèrent que « participation aux arts et aux sports » était plus adéquat.

Voici comment nous avons remarqué que certaines cases renvoyaient à elles-mêmes : en regardant le tableau on remarquera une diagonale qui va du coin supérieur gauche au coin supérieur droit et est formée de l'intersection de chaque SCP avec l'adjectif équivalent. Nous avons observé que, lorsqu'on remplit les espaces vides, les activités situées au-dessus de la diagonale concernent l'individu, celles situées au-dessous concernent le groupe. Ainsi, les *résultats récréationnels de l'association* sont « les amuseurs publics et les athlètes », tandis que les *résultats organisationnels du jeu* sont « les groupes ludiques, les équipes et les troupes ».

Le tableau tel qu'il est présenté, ainsi que son mode d'emploi, sont en vérité une science mathématique de la culture qui sera utile au spécialiste et aura également d'autres applications valables. Il est, bien sûr, limité par le fait qu'il n'est que bidimensionnel. L'étape suivante, beaucoup plus complexe, serait un tableau à trois dimensions.

En observant le tableau, le lecteur s'apercevra qu'il n'a ni contenu ni substance et se réduit à des rubriques. Son utilité actuelle est celle d'un système de classification et d'une liste de références pour le spécialiste qui, travaillant sur des sujets vastes, peut être assuré qu'aucune catégorie majeure n'a été oubliée. C'est également un type spécial de carte des catégories d'activités humaines. En tant que tableau, il pourra servir à déterminer et à conserver les responsabilités des groupes de travail, en assignant à chacun une aire donnée. L'étudiant sera stimulé par l'expérimentation de ce tableau et l'usage qu'on peut en faire. Les intersections s'étendent plus loin que l'axe déterminé par les SCP. Les différentes parties du tableau sont liées à des choses tout à fait différentes ; le côté supérieur gauche est lié à des activités formelles, le milieu à l'informel et tout le côté inférieur droit au technique. Alors que chaque catégorie apparaît comme distincte, les activités qui sont liées sont groupées. Lorsqu'on développe le tableau en décomposant chaque activité en ses aspects formels, informels et techniques on ajoute de nouvelles dimensions.

Il existe, depuis quelques années, un problème récurrent : c'est la codification et la classification de données qui s'accumulent trop rapidement pour pouvoir être utilisées. Le système présenté ici a cent cases majeures, chacune représentant des complexes d'activités qui peuvent être subdivisés à l'infini. Chaque chiffre symbolise un domaine majeur : 0 = défense, etc. Chacune des cent catégories peut être rapidement divisée par dix et chacune des sous-catégories obtenues peut être également divisée par dix. Ainsi, 80 représente les groupes de défense, 80-2 les aspects économiques des groupes de défense, 80-5 les aspects temporels. L'avantage d'un tel système est qu'il possède une base théorique qui lui confère une cohérence et un plan qui manquent aux modèles empiriques.

A ce stade, il est important d'attirer l'attention du lecteur sur le fait que l'ordre d'entrée en jeu des SCP est très significatif. Cet ordre fut d'abord choisi parce que, étant donné ces activités, il était plus près de l'ordre phylogéné-

UNE CARTE DE LA CULTURE

Systèmes de communication primaires	Interactionnel 0	Organisationnel 1	Economique 2	Sexuel 3
Interaction 0	*Communication Adjectifs Kinésie Langage* 00	Statut et rôle 01	Echange 02	Interaction des sexes 03
Association 1	Communauté 10	*Société Classe Caste Gouvernement* 11	Rôles économiques 12	Rôles sexuels 13
Subsistance 2	Communauté écologique 20	Groupements corporatifs 21	*Travail Travail formel Survie Occupations* 22	Division du travail selon le sexe 23
Bisexualité 3	Communauté sexuelle (clans, parents) 30	Groupements maritaux 31	Famille 32	*Les sexes masculin féminin Sexe (biologique) Sexe (technique)* 33
Territorialité 4	Communauté du territoire 40	Territoires communs 41	Lieux économiques 42	Territoires masculins et féminins 43
Temporalité 5	Cycles communs 50	Cycles de groupe 51	Cycles économiques 52	Activités cycliques masculines et féminines 53
Connaissance 6	Ensemble des connaissances traditionnelles collectives 60	Groupes d'apprentissage institutions d'éducation 61	Rémunération de l'enseignement et de l'apprentissage 62	Répartition des connaissances selon le sexe 63
Jeu 7	Communauté de jeu — les arts et les sports 70	Groupes de jeu équipes et troupes 71	Sportifs professionnels Entraînement 72	Jeux masculins et féminins 73
Défense 8	Communauté de défense Systèmes de défense structurés 80	Groupes de défense armée, police santé publique, religion organisée 81	Schémas économiques de défense 82	Ce que défend chaque sexe (la maison, l'honneur, etc.) 83
Exploitation 9	Réseau de communications 90	Réseaux d'organisation (villes, grands ensembles) 91	Nourriture, ressources, équipements industriels 92	Intérêts et propriété masculins et féminins 93

Territorial	Temporel	Instructionnel	Ludique	Défensif	Exploitant
4	5	6	7	8	9
Lieux d'interaction 04	Moments d'interaction 05	Enseignement et apprentissage 06	Participation aux arts et sports (active et passive) 07	Protéger Etre protégé 08	Utilisation du téléphone, signaux, écriture, etc. 09
Rôles dans un groupe local 14	Rôles selon le groupe d'âge 15	Enseignants et enseignés 16	Amuseurs publics et athlètes 17	Protecteurs (médecins, clergé, armée, police, etc.) 18	Utilisation de la propriété collective 19
Lieux des repas, cuisine, etc. 24	Heures des repas, cuisine, etc. 25	Apprentissage par le travail 26	Plaisir dans le travail 27	Soins médicaux protection de la vie 28	Utilisation de la nourriture, des ressources, des équipements 29
Lieux individuels selon le sexe 34	Distribution du temps selon le sexe 35	Apprentissage et enseignement des rôles selon le sexe 36	Participation au jeu selon le sexe 37	Protection du sexe et de la fécondité 38	Utilisation selon le sexe des décorations et ornements 39
Espace Espace formel Espace informel Frontières 44	Schématisation de l'espace 45	Apprentissage et enseignement de la répartition de l'espace individuelle 46	Jeu en termes d'espace 47	Intimité 48	Utilisation des barrières et marques de propriété 49
Détermination des cycles selon le territoire 54	*Temps Séquences Cycles Calendrier* 55	Horaires scolaires individuels 56	Heures de loisirs 57	Repos Loisirs Vacances 58	Utilisation des instruments de mesure du temps 59
Lieux d'apprentissage 64	Schématisation de la connaissance (groupe) 65	*Acquisition de la culture Connaissance informelle Education* 66	Apprentissage par le jeu 67	Apprentissage de la défense et des soins médicaux 68	Utilisation des professeurs 69
Lieux de jeu 74	Saisons de jeu 75	Apprentissage par le jeu 76	*Récréation Jeux* 77	Exercice 78	Utilisation des structures ludiques (aires de jeu, etc.) 79
Lieux protégés 84	Le Moment de la Défense 85	Formation scientifique, religieuse, militaire 86	Exercices collectifs Manœuvres militaires 87	*Protection Défenses formelles, informelles, techniques* 88	Utilisation des moyens de protection 89
Propriété — ce qui est clos, mesuré, jalonné 94	Périodes mesurées, enregistrées 95	Ecoles, professeurs, etc. 96	Articles de jeu et de sport et leurs industries 97	Fortifications Armements Panoplie médicale Systèmes de sûreté 98	*Systèmes Matériel Contact avec l'environnement Technologie Habitudes motrices* 99

tique réel ; c'est-à-dire que ces activités sont assimilées et intégrées dans l'histoire vitale de chaque organisme. On retrouve le même ordre dans l'évolution de cet organisme. Après avoir établi cet ordre, nous avons observé que chaque système est couplé à un autre de manière fonctionnelle ; c'est-à-dire, le temps avec l'espace, le travail avec le jeu. L'ordre est également cohérent avec ces relations couplées. On peut avoir un aperçu indirect de l'ordre en remarquant que beaucoup de sociétés valorisent les systèmes différemment de l'ordre donné ici. La valorisation des systèmes par une société nous renseigne rapidement sur son profil culturel, que l'on peut comparer à d'autres. Par exemple, les informateurs américains questionnés sur ce sujet s'éloignèrent de l'ordre de base en ce qui concerne la matière, la récréation et la sexualité. Comme on pouvait s'y attendre, ils placèrent la matière au début, la récréation et la sexualité se disputant la dernière place. Les informateurs arabes réagissaient tout à fait différemment des Américains. L'espace et le temps étaient séparés, le temps venant en dernier ; la matière occupait une des dernières places tandis que les systèmes de défense se disputaient les premières places avec la communication.

L'établissement d'un tableau de la culture est la seule manière de procéder. Nos données dans le passé ne se prêtent pas à ce genre de présentation. La théorie globale de la culture, telle qu'elle est présentée dans cet essai, diffère par bien des côtés des conceptions antérieures. Les principales différences sont : *a.* l'utilisation d'un modèle linguistique ; *b.* l'analyse de l'ensemble de la culture en tant que communication ; *c.* le concept des SCP fondés biologiquement ; *d.* les types d'intégration, formels, informels et techniques ; *e.* les dérivés de ces intégrations : séries, notes et schémas.

L'auteur, ainsi que ses collègues ayant participé à cette analyse, l'ont trouvée pratique, instructive et favorable aux recherches ultérieures. Elle satisfait nos exigences par son caractère spécifique, concret et facilement transmissible. Nous avons également découvert qu'en s'attachant à un seul SCP à la fois lorsqu'on travaille avec un formateur, il est possible de garder un pied dans des domaines connus tout en explorant des domaines nouveaux et inconnus. Par exemple, les notes temporelles informelles telles qu'elles sont énoncées par un Arabe éclairent d'une lumière nouvelle les valeurs arabes, ce que l'on aurait difficilement découvert autrement.

J'espère que ces explications succinctes atteindront deux buts : éclairer le profane qui s'intéresse aux recherches interculturelles quant à la nature de la culture ; et stimuler les travaux des spécialistes. Il faudra encore progresser dans la définition des notes culturelles en tant que moyen d'utilisation des valeurs. Nous avons ici quelques suggestions sur la direction à prendre.

Trois exemples de changement

Nous avons établi cet appendice à l'intention du spécialiste ; il présente l'étude de trois cas cliniques de changement et illustre la progression du formel à l'informel puis au technique. L'introduction de la lettre française *v* dans l'anglais du XIᵉ siècle est un exemple d'interaction entre deux cultures. L'exemple des pas de vis se situe à l'époque où les manufactures abandonnaient petit à petit la détermination informelle de la dimension des pas de vis pour se conformer aux normes du technique. L'exemple de la poterie du Sud-Ouest est le plus technique ; si j'en parle ici, c'est que mes collègues s'intéressent au moyen qui permettrait de vérifier l'exactitude historique des reconstitutions du passé. Il concerne le déplacement d'un processus technique dans sa totalité ; et il est donc possible de suivre, étape par étape, le processus d'intégration de la nouvelle technologie, de sa libération par rapport aux normes traditionnelles, et de la manière dont elle s'est retrouvée conditionnée dans un cadre de relations nouveau.

En Angleterre, avant l'invasion normande, *v* et *f* étaient des variantes d'un même son (ce que les linguistes appellent les allophones d'un même phonème). *F* était utilisé de préférence au début des mots, et *v* au milieu. De leur côté, les conquérants français les utilisaient en tant que sons absolument distincts, comme nous le faisons aujourd'hui.

Parmi les bagages culturels apportés par les Français se trouvaient certains aliments, dont le veau *(veal)*. Les Anglais qui parlaient français devaient apprendre à faire la différence entre *v* et *f*, parce que le français y était très sensible et qu'il fallait différencier un mot anglais nouveau. Ces adaptations informelles de l'anglais furent technicisées ; le *v* et le *f* en tant que consonnes initiales apparurent dans l'imprimerie anglaise aussi bien que dans les mots français anglicisés. Aujourd'hui, l'initiale *v* fait partie de notre système formel et il est impensable de songer à revenir à l'ancienne forme. C'est le fait que nous considérons cette modification comme juste et naturelle qui la classe dans la catégorie formelle.

La standardisation des pas de vis

Il est surprenant qu'un sujet aussi technique et spécialisé que les filetages d'écrous et les boulons puisse illustrer par son histoire la manière dont les changements, acceptés à une période précise, sont rejetés à une autre. Le fait que le changement soit un besoin démontrable ne signifie pas nécessairement que ce changement se produit. Le processus d'apparition d'un changement est fonction de la manière dont on traite un sujet culturel donné (formellement, informellement ou techniquement).

L'histoire des filetages commence avec la révolution industrielle anglaise et américaine. Aux débuts de la manufacture, chaque usine déterminait la dimension de ses écrous et boulons. Il n'y avait pas de normes. Il est évident que cette situation ne pouvait pas se prolonger indéfiniment. Pourtant, ce fut presque une révolution lorsque l'inventeur et industriel américain William Sellers du Franklin Institute, standardisa les pas de vis américains selon une dimension qui fut adoptée par la Société des ingénieurs automobiles. Tandis que Sellers s'occupait des boulons et des écrous américains, un Anglais du nom de Withworth faisait la même chose en Grande-Bretagne. Leurs solutions respectives au problème de la standardisation étaient si proches l'un de l'autre que les produits finis étaient presque identiques. Ceci ne gêna personne jusqu'à la Première Guerre mondiale, lorsque les États-Unis et la Grande-Bretagne commencèrent à échanger leurs produits. Lorsqu'un pays fabriquait un fusil pour l'autre, il devait soit revoir tous les filetages des boulons et des écrous, soit fabriquer un outil tenu par des vis qui ne pouvaient servir à rien d'autre. La modification et la reconstitution du stock de boulons se chiffra en millions de dollars. Chacun se rendait compte qu'il serait beaucoup plus logique pour les deux pays de décider de normes communes, et pourtant, chacun restait réticent à cette idée. Les ingénieurs et les administrateurs traitèrent le problème de manière technique. Lorsque Sellers et Withworth aboutirent, chacun de leur côté, à une solution technique, chaque nation envisagea ses propres dimensions de pas de vis de manière formelle. Cela signifie que les intéressés résistèrent à toute logique et aux arguments techniques par toutes sortes de rationalisations dont aucune n'était valable sur le plan technique.

Deux guerres mondiales, des milliers d'hommes abattus parce qu'ils ne pouvaient pas nettoyer l'artillerie sur le champ de bataille et des millions de dollars dépensés ne parvinrent pas à faire accepter le changement.

Différents individus tentaient de trouver, informellement, des solutions. Mais ce n'est que lors de la Seconde Guerre mondiale que William L. Batt, ingénieur et homme d'affaires américain, recueillit des soutiens suffisants pour obtenir une entente à propos des dimensions des pas de vis. Ces pas de vis devaient pouvoir être utilisés par les deux nations dans la fabrication des produits destinés à l'échange. Finalement, les Anglais étant plus conciliants que les Américains, on arriva à un compromis. Le pas de vis qui était apparu au plan technique, après être passé par une longue phase formelle, se retrouva de nouveau dans le domaine technique.

De la même manière, la réticence des Américains devant le système métrique (invention napoléonienne) est absolument illogique. Il n'y a aucune raison de s'attacher à ces vieilles mesures, si l'on excepte le fait que, pour la plupart des gens, les poids et mesures sont des systèmes formels. En tant qu'Américains, nous répondons impulsivement à l'idée que nous devrions abandonner la livre pour le kilogramme, sans parler du fait que, dans la science et l'industrie, c'est le système métrique qui prime.

Un exemple ancien d'assistance technique

Cet exemple est tiré de l'histoire archéologique du Sud-Ouest des USA et concerne le transfert d'une technique de poterie d'un peuple à l'autre. La poterie est un excellent sujet d'observation en ce qui concerne les changements, car ses fragments sont virtuellement indestructibles. De plus, les qualités de l'argile sont telles que la pièce elle-même renseigne l'observateur sur la technique utilisée pour la fabrication. Enfin, la poterie symbolise la mémorisation ininterrompue d'un art.

Cet exemple se situe à l'époque où l'une des principales cultures préhistoriques du Sud-Ouest des États-Unis fabriquait depuis plusieurs siècles des poteries. On connaît ce peuple, dans la littérature, sous le nom de Mogollons. Ce nom vient du lieu où l'on a fait les premières découvertes à leur sujet. Les voisins septentrionaux des Mogollons, ancêtres des Pueblos, étaient les Anasazi, du terme navajo signifiant «le peuple ancien».

Aux environs du début de l'ère chrétienne, les Mogollons apprirent la poterie, probablement d'un peuple installé plus au sud. Plus tard, les Anasazi empruntèrent leurs méthodes aux Mogollons. La nature du contact culturel entre ces deux peuples, comme l'attestent les objets fabriqués à cette époque, nous renseigne sur leurs traditions et leurs attitudes psychologiques vis-à-vis du changement.

On peut fabriquer des poteries sur un tour, mais il est également possible d'utiliser la technique du colombin, ou d'assembler des morceaux d'argile, ou de creuser une boule de terre. Les Mogollons utilisaient des colombins de diamètre réduit (5 mm à 1 cm), commençant à monter le pot sur la base d'un autre pot (ou vase) ou en enroulant le colombin en une spirale pour former un bol ou une cruche. Les colombins étaient soudés par des pincements à inter-

valles réduits. Avant que la terre ne soit sèche, les pincements, encore visibles sur le pot, étaient en partie effacés
à l'aide d'un galet lisse. Les plissements, en partie polis,
laissaient à la surface du pot des sortes de rides caractéristiques des poteries des Mogollons.

Puis le pot était cuit dans une atmosphère oxydante, ce
qui faisait virer au rouge le fer contenu dans la terre. On
était sûr, vu la méthode de cuisson, que les pots seraient
rouges dans la majorité des cas, car l'argile qu'on trouve au
Sud-Ouest des États-Unis est presque toujours ferrugineuse.
Ces processus étaient devenus traditionnels et restèrent
inchangés durant quatre ou cinq siècles, jusqu'au moment
ou les Mogollons et les Anasazi entrèrent en contact, vers
500-600 avant J.-C.

Il est possible de reconstituer en partie ce processus qui
prit place lorsque les Anasazi empruntèrent la technique des
Mogollons. Apparemment, les Anasazi observaient les règles
des Mogollons mais n'avaient aucune notion technique,
peut-être à cause d'une barrière linguistique. C'est peut-être
aussi parce que les hommes, voyant que les femmes
mogollons fabriquaient des poteries, décrivirent ce qu'ils
avaient vu à leurs femmes et à leurs sœurs. Nous savons
qu'ils ne pouvaient recevoir d'instructions techniques, parce
que les poteries des Anasazi, cuites dans une atmosphère
rare en oxygène, au lieu d'être rouges, *devenaient* grises.
Nous savons qu'ils considéraient cette différence comme
une erreur technique, car lorsqu'ils trouvèrent de l'argile
rouge, ils en firrent une poudre avec laquelle ils badigeon-
naient tous les pots noirs. L'image qu'ils se faisaient d'une
poterie réussie était rouge. Même après des siècles d'intem-
péries, on retrouve des traces de cette terre rouge dans les
aspérités des pots de cette époque. L'argile rouge, qui
n'était pas cuite, ne pouvait être polie parce qu'elle était
appliquée sur une surface déjà cuite. Les pots mogollons
sont tous polis.

Vers 800-900 avant J.-C., le contact entre ces deux
peuples était apparemment un peu plus intime et les Anasazi
commencèrent à apprendre la technique des Mogollons ; ou
du moins, leurs imitations des poteries des Mogollons
devinrent techniques. Ils apprirent à cuire dans une atmos-

phère oxydante, ce qui leur permit également de polir les pots rouges avant de les cuire. Curieusement, une fois qu'ils eurent appris cette technique, les Anasazi n'abandonnèrent pas leur technique originale de cuisson en oxygène réduit, mais utilisèrent parallèlement les deux méthodes pendant plusieurs siècles. A la même époque, ils apprirent à fabriquer des poteries en colombins pincés et polis, si caractéristiques de leurs voisins du Sud. Afin de réussir ce genre de poteries, ils décidèrent de ne pas effacer les colombins et de les polir de manière particulière. Contrairement aux Mogollons, les Anasazi n'avaient aucune tradition concernant le polissage des colombins, et virent l'ouverture des possibilités s'ils ne retenaient que les premières étapes du processus. Pour eux, les pincements sur les colombins avaient une valeur décorative. D'abord, ils peuvent n'avoir eu aucune raison de continuer le processus mogollon en effaçant les pincements puis en les plissant, alors que la poterie devait servir à cuire les aliments. C'est du moins l'impression qui se dégage lorsqu'on observe ces premiers essais, plus ou moins réussis. Toutefois, ils développèrent très rapidement la technique du pincement et en firent un art en soi ; ils parvinrent même à de si nombreuses variations dans la manière de pincer les colombins qu'il en résultait des effets semblables à ceux qu'on voit sur les corbeilles. C'est l'un des exemples où un processus se libère de la tradition (le formel) en franchissant une barrière culturelle et entre dans le domaine technique.

Pour l'archéologue, la tradition (le formel) est clairement visible chez les Mogollons et les Anasazi ; on voit également comment une adaptation informelle — l'usage de la couche de terre rouge après la cuisson — continue à être utilisée même lorsque les Anasazi ont appris des Mogollons comment obtenir par la cuisson une couleur permanente. Le développement des plissements était une adaptation informelle, qui devint technique et se transforma enfin en tradition dans la poterie du Nouveau-Mexique. De même pour les deux techniques de cuisson dont l'une, découverte informellement, se technicisa et devint plus tard un système formel nouveau qui persista pendant plusieurs siècles.

L'un des aspects les plus importants d'une telle analyse du changement est qu'on peut l'utiliser pour vérifier des théories concernant l'histoire culturelle du Sud-Ouest des États-Unis. Pendant des années, on se demanda si les Mogollons étaient une branche des Anasazi ou bien réellement une culture différente. D'un côté, il était évident que les deux cultures possédaient des traits communs. Mais chacune avait sa propre technique de fabrication des poteries, des maisons, des outils de pierre. Si l'on avait pu observer le transfert de la technique de poterie, tel qu'il s'est opéré en termes dynamiques d'un processus de changement, aucun doute n'aurait subsisté : les deux cultures étaient différentes, même si l'une avait fait des emprunts à l'autre. Les Mogollons avaient des *traditions* différentes ; de plus, ils n'avaient de contacts que sporadiques avec les Anasazi. Dans cette perspective, il est difficile de soutenir la thèse d'une culture commune.

Bibliographie

Bello, Françis, « The Information Theory », *Fortune*, décembre 1953.

Benedict, Ruth, *Échantillons de civilisations*, Gallimard, Paris, NRF, 1950.

Dobzhanski, Theodosius, *L'Hérédité et la Nature de l'homme*, traduit de l'américain par Simone Pasteur, Paris, Flammarion, 1969.

Du Bois, Cora, *The People of Alor*, Minneapolis, University of Minnesota Press, 1944.

Fortes, Meyer, « Time and social Structure, An Ashanti Case Study », *Social Structure* : studies presented to A.R. Radcliffe-Brown, Oxford, 1949.

Fortune, « Those Incompatible Scew Threads », *Fortune*, décembre 1948.

Freud, Sigmund, *Abrégé de psychanalyse*, traduit de l'allemand par Anne Berman, Paris, PUF, 1950.

Gillin, John, *The Ways of Men*, New York, Appleton-Century Crofts, 1948.

Junod, Henri-Alexandre, *Mœurs et Coutumes des Bantous. La vie d'une tribu sud-africaine*, Paris, Payot, 1936.

Kluckhohn, Clyde, *Initiation à l'anthropologie*, Bruxelles, Ch. Dessart, 1964.

Kroeber, A.L. et Kluckhohn, Clyde, *Culture : A Critical Review of Concepts and Definitions*, Cambridge : Papers of the Peabody Museum. vol. XLVII, nº 1, 1952.

Leighton, Alexander H., *The Governing of Men*, Princeton, Princeton University Press, 1945.

Linton, Ralph, *Le Fondement culturel de la personnalité*, Paris, Dunod, 1967.

— *The Study of Man*, Appleton-Century, 1936.

Lorenz, Konrad, *Essais sur le comportement animal et humain. Les leçons de l'évolution de la théorie du comportement*, traduit de l'allemand par C. et P. Fredet, Paris, Éditions du Seuil, 1970.

Malinowski, Bronislaw, *The Sexual Life of The Savages*, New York, Halcyon House, 1929.

Marquand, J.P., *The Late George Apley*, Boston, Little Brown, 1937.

Marriott, Alice, *Maria : The Potter of San Ildefonso*, Norman, University of Oklahoma Press, 1948.

Mead, Margaret, *Sociétés, Traditions et Technologie.* Comptes rendus d'enquêtes dirigées par Margaret Mead sous les auspices de la Fédération mondiale pour la santé mentale, Paris, UNESCO, 1953.

Pierce, John R., *Electrons, Waves and Messages*, Garden City, Hanover House, 1956.

Radcliffe-Brown, A.R. et Forde, Daryll, *Systèmes familiaux et matrimoniaux en Afrique*, Paris, PUF, 1953.

Riesman, David, *La Foule solitaire, Anatomie de la société moderne* (avec la collaboration de Reuel Denney et Nathan Glazer), Paris, Arthaud, 1971.

Sapir, Edward, *Le langage. Introduction à l'étude de la parole*, traduction de S.M. Guillemin, Paris, Payot, 1953.

Shannon, Claude, *A Mathematical Theory of Communication*, Urbana, University of Illinois, 1949.

Sullivan, Harry Stack, *Conceptions of Modern Psychiatry*, seconde édition, Washington, The William Alanson White Psychiatric Foundation, 1947.

Tannous, Afif, « Extension Work Among the Arab Felhahin », *Applied Anthropology*, juin 1944.

Trager, George L., « Language », *Encyclopedia Britannica*, vol. XIII, 1956, p. 696.

— « Linguistics », *Encyclopedia Britannica*, vol. XIV, 1956, p. 162.

Trager, George L. et Smith, Henry Lee Jr, *An Outline of English Structure*, Norman, Battenburg Press, 1951.

Trilling Lionel, *The Opposing Self*, New York, Brentano, 1924.

Tylor, E.B., *Primitive Culture*, 7ᵉ édition, New York, Brentano, 1924.

Useem, John, « Americans as Governors of Natives in The Pacific », *Journal of Social Issues*, août 1946.

Whorf, Benjamin Lee, *Language, Thought and Reality*, New York, The Technology Press and John Wiley and Sons, 1956.

— « Linguistics, Factors in the Terminology of Hopi Architecture », *International Journal of American Linguistics*, vol. XIX, n° 2, avril 1953.

— « Science and Linguistics », *The Technology Review*, vol. XLII, n° 6, avril 1940.

Table

Annexes

COMPOSITION : MAME IMPRIMEURS À TOURS
IMPRESSION : BRODARD ET TAUPIN À LA FLÈCHE (6-92)
DÉPÔT LÉGAL : MARS 1984. Nº 6774-4 (6877F-5)

Collection Points

SÉRIE ESSAIS

Collection Points

SÉRIE ACTUELS

DERNIERS TITRES PARUS